ART
DE BLANCHIR
ET
DE NETTOYER LE LINGE

PAR LES PROCÉDÉS ORDINAIRES

ET AU MOYEN DE LA VAPEUR;

PAR M. MASSONNET,

Directeur de l'Établissement de Blanchissage de Chaillot,

ET M. MICHEL.

PRIX, 2 FRANCS.

PARIS,

Mᵐᵉ HUZARD (NÉE VALLAT LA CHAPELLE), LIBRAIRE

RUE DE L'ÉPERON, Nᵒ 7.

1828.

ART DE BLANCHIR

ET

DE NETTOYER LE LINGE.

IMPRIMERIE DE Mme. HUZARD (née VALLAT
LA CHAPELLE),
Rue de l'Éperon, n°. 7.

ART
DE BLANCHIR

ET

DE NETTOYER LE LINGE

PAR LES PROCÉDÉS ORDINAIRES

ET AU MOYEN DE LA VAPEUR;

PAR M. MASSONET,

Directeur de l'Établissement de blanchissage de Chaillot,

ET M. MICHEL.

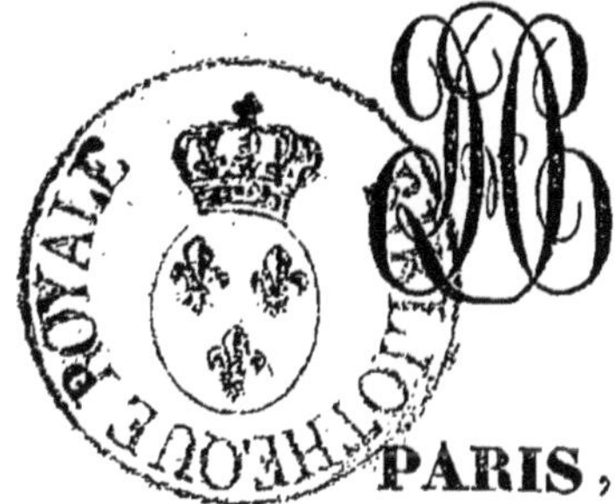

PARIS,

Mme. HUZARD (née VALLAT LA CHAPELLE), LIBRAIRE,

RUE DE L'ÉPERON, N°. 7.

___

1828.

PRÉCIS HISTORIQUE

LE BLANCHISSAGE.

La nécessité est la mère de l'industrie ; les hommes, pour se préserver de l'intempérie des saisons, se couvrirent d'abord de feuilles d'arbres et de peaux de bêtes ; bientôt ils échangèrent ces objets incommodes et malsains pour des vêtemens plus souples et plus durables, et les tissus de coton, de chanvre, de lin, introduits dans nos usages domestiques, firent naître l'idée du blanchissage.

L'art de blanchir le linge, que plus d'un auteur appelle une opération de ménage, remonte à la plus haute antiquité, et son origine est liée à celle des arts les plus utiles ; les peuples les plus reculés de l'Asie, les Chinois, les Indous, donnèrent les premières notions du blanchissage aux Tartares et aux Perses, qui étaient devenus leurs conquérans et leurs maîtres. Les Romains et les Grecs, en portant à leur tour la domination et l'esclavage chez ces nations vieillies dans les arts, s'emparèrent du secret de leur industrie et les rendirent communs à l'univers civilisé : aussi voit-on après les conquêtes d'Alexandre dans l'Inde, et celles de Pompée en Asie, les peuples de l'Occident étaler un luxe et une propreté dans leurs vêtemens et dans leur linge, que leur vieille postérité n'avait point connus.

Nous n'irons point fouiller dans la nuit des temps pour trouver des époques aux différens progrès de l'art de blanchir le linge et pour savoir combien dura le blanchissage à l'eau pure avant l'emploi des substances alcalines.

Il serait hors de propos de faire le savant dans un ouvrage qui doit servir à toutes les classes, et qui, du reste, n'exige que de la méthode et de la clarté.

Toutefois on ne doit pas confondre le blanchîment des toiles et des tissus de coton avec l'art du blanchissage : le premier a pour but d'enlever la matière colorante qui semble servir d'enveloppe aux fibres du chanvre, du lin et du coton ; le second, au contraire, ne fait que nettoyer les fibres ou les tissus de toutes les matières qui le salissent accidentellement. Le blanchîment des différens tissus de chanvre, de lin, du coton et de la soie, est un art nouveau, dont Scheele, Berthollet et Chaptal ont enrichi notre industrie. « Les fibres de chanvre, de lin et de coton, dit M. Chaptal, restent imprégnées, après le rouissage, d'une matière particulière qui les colore en gris sale ; cette matière altère singulièrement leur souplesse sans rien ajouter à leur force, elle masque leur blancheur naturelle et les rend impropres aux diverses opérations de teintures. La substance colorante qui recouvre le duvet végétal qui constitue le coton n'est pas de même nature que les précédentes, elle est moins tenace dans sa combinaison ; mais comme elle produit les mêmes inconvéniens, on est également obligé de la soustraire ; il en est de même pour le suint, matière grasse et savonneuse qui recouvre la laine et la préserve de l'attaque des insectes, et pour la substance céracée, qui vernit et garantit également la soie : tous ces enduits sont de différentes natures et exigent des moyens spéciaux ; c'est l'application bien entendue et bien raisonnée de ces moyens qui constitue l'art du blanchîment. »

L'opération du blanchissage se renferme à rendre au linge sale sa première blancheur au moyen d'une lessive alcaline, ou par l'application du savon ; cet art, tout simple et tout facile qu'il paraisse, n'a pas fait d'aussi grands progrès que les autres arts industriels ; nos anciens blanchissaient aussi bien et aussi proprement que nous , et les difficultés qui s'opposaient à ce qu'ils fissent de bonnes lessives ne sont pas encore vaincues. A l'époque où nous sommes, la ménagère la plus habile, le blanchisseur le plus adroit , ne sont pas toujours sûrs du succès de leur coulage, et malgré leurs précautions et leur savoir, souvent leur lessive tourne et le linge est taché ; d'ailleurs, comment pourrait-il en être autrement? On se sert, dans la plupart des pays, pour décrasser le linge, de cendres, et les cendres des végétaux indigènes varient dans leur composition : chacune d'elles contient plus ou moins de substances alcalines ; plus d'une à un principe colorant qui tache au lieu de blanchir. On connaît, me dira-t-on, les espèces de cendres et celles qui sont bonnes ou mauvaises, d'accord ; mais comme elles ne sont jamais seules et isolées, je veux dire que l'incinération des bois se faisant en masse dans les villes et dans les campagnes, il n'est guère possible d'apprécier les qualités de telles ou telles cendres ; ainsi, sans aréomètre, sans alcalimètre, une ménagère expérimentée pourra juger, par la dégustation, du degré de force de sa lessive, et connaître, à l'inspection des couches supérieures du linge qui remplit sa cuve, si l'opération est terminée ou près de l'être ; mais elle ne pourra jamais décider du degré de blancheur qu'aura son linge, tant qu'elle ne connaîtra pas d'une manière précise la quantité de substances lixivielles qu'elle emploie.

Ces inconvéniens graves, sans doute, puisque sans le coulage on ne peut guère espérer de bien blanchir le linge, portèrent deux hommes industrieux et savans à imaginer une méthode de lessivage plus sûre et plus certaine ; on avait fait, depuis quelque temps, à la Briche et à Bercy des buanderies où l'on blanchissait le linge au moyen de la vapeur ; mais ces établissemens n'ayant pas le degré de perfection désiré, Cadet-de-Vaux et Curaudeau se livrèrent à un travail opiniâtre pour simplifier et perfectionner la méthode ingénieuse de MM. Monnet de Bercy ; encouragés par le ministre Chaptal, qui, lui-même, avait déjà imaginé la chaudière à vapeur et l'avait appliquée au blanchissage des toiles, ils inventèrent un appareil simple et commode, ils composèrent une lessive de soude et de savon pour suppléer au coulage par les cendres, les salins et les autres sels

lixiviels impurs, et enfin ils parvin-
rent, par des procédés nouveaux, à éco-
nomiser le temps, le savon et le com-
bustible, et à assurer le succès trop
long-temps douteux du coulage des
lessives.

Cependant, plus de trente ans se
sont écoulés depuis cette précieuse découverte, et à peine Paris compte
trois ou quatre établissemens particu-
liers de ce genre; les villes et les campagnes en sont dépourvues, et toutes
les maîtresses de maisons se sont mises
à suivre l'ancienne méthode.

L'habitude et la routine entravent
jusqu'à un certain point la marche des
innovations utiles; il faut combattre
long-temps les préjugés avant de les
vaincre; mais, à la fin, la vérité triom-
phe, et les progrès de l'esprit humain,
pour être lents et insensibles, n'en sont
pas moins certains. D'où vient donc cet
éloignement pour une découverte aussi

importante? Pourquoi, lorsque les faits sont évidens et les résultats avantageux, je ne dis pas chaque établissement de buanderie, mais chaque ménage un peu important, n'a pas un appareil à vapeur? Voilà la demande que je me suis faite depuis long-temps; et, avant de soumettre au public mon *Traité sur l'art de blanchir le linge*, j'ai cru nécessaire d'y répondre, pour montrer qu'une cause prépondérante et juste empêche toujours la propagation rapide d'une découverte précieuse.

Les opérations de ménage, qui sont universelles, comme le coulage de la lessive, exigent, pour être invariablement suivies, deux conditions essentielles, l'économie des matières premières et la simplicité dans les moyens d'opérer : or, le blanchissage à la vapeur épargne du temps, du bois et du savon; il assure le succès d'une lessive et donne du linge toujours blanc. Sous

ce rapport, les blanchisseurs des grandes villes, ceux qui font de cet art une
profession habituelle, devraient de préférence suivre cette méthode; l'économie, les avantages sont ici pour eux,
et je pense qu'il ne peut y avoir qu'un
intérêt mal entendu qui les attache à la
méthode ordinaire. Mais il n'en est pas
de même des gens de la campagne et
des petites villes : ceux-ci ne font des
lessives que tous les trois ou quatre
mois; ils ont chez eux leurs cendres et
presque toujours leur provision de bois,
et la plupart des villageois chauffent
leur lessive avec des bruyères ou d'autre petit bois qu'ils ramassent dans
les forêts ou sur les friches; ils ont en
outre des cuviers et des chaudrons, qui
leur servent pour faire bouillir les cendres comme à différens usages du ménage. Cette facilité d'avoir tout sous la
main leur fait trouver plus économique
la méthode ordinaire, et d'ailleurs elle

l'est en effet pour eux, puisqu'ils n'ont qu'un peu de savon à acheter ; au contraire, pour suivre la méthode nouvelle, il leur faut un fourneau, une cuve à vapeur, des tuyaux, un chaudron, qui ne peuvent servir qu'à cet usage ; il faut encore qu'ils achètent, chaque fois qu'ils coulent la lessive, cinq à six francs de carbonate de soude : tout cela est coûteux et en même temps embarrassant dans un petit manoir, où il n'y a souvent qu'une pièce principale. L'appareil à vapeur est très-simple, mais il l'est encore moins que celui qu'exige une lessive ordinaire ; dans celui-ci, il n'y a qu'à pendre un chaudron à la crémaillère ou à le mettre sur un trépied, et à placer la cuve sur deux chaises ou sur un chevron de bois à trois angles ; dans celui-là, ce sont des tuyaux qu'il faut interposer parmi le linge de la cuve, un fourneau qu'il faut établir à demeure, un chaudron

et une cuve qu'il faut emboîter et luter
ensemble : tout cela, dis-je, quoique
facile à faire, est un travail minutieux
et par conséquent pénible pour un villageois, et c'est peut-être celui dont il
aime le moins à s'occuper.

Ce sont, je crois, de pareilles raisons
qui ont éloigné les habitans des villes
et des campagnes de l'usage de blanchir à la vapeur, et on voit que, jusqu'à un certain point, elles étaient
justes. Du reste, comme dit Cadet-
de-Vaux, les habitans des campagnes
ne tiennent pas autant que ceux des
villes à la blancheur du linge, et les lessives faites avec de la cendre sont suf-
fisantes pour donner à leur linge sale
un degré de propreté convenable. A
Paris, où les exigences du luxe stimu-
lent le talent et l'industrie, l'art du
blanchissage a dû profiter un peu mieux
du petit perfectionnement que la chi-
mie a porté dans son mode d'opérer;

les blanchisseurs de la capitale ; sans pourtant se détourner de la marche routinière, ont modifié et simplifié les moyens de lessivage et de savonnage ; la plupart d'entre eux, soit à cause de la rareté de la cendre, soit à cause de la mauvaise qualité de celle que l'on fait à Paris par la quantité immense de bois flotté qui s'y consomme, ont pris l'habitude de ne se servir pour leur lessive que de la potasse et de la soude, vrai et sûr moyen, sans doute, pour avoir des lessives égales et pour déterminer à volonté leur degré de force ; mais une ruse commerciale est venue neutraliser les bons effets qu'un pareil usage devait produire dans le blanchissage du linge. On a vu que, malgré tout ce qu'on disait en faveur de la soude, aucun blanchisseur ne voulait y avoir recours pour faire ses lessives, que le plus grand nombre n'employait que des potasses d'Amérique; on s'est

donc imaginé de leur en fabriquer d'ar-
tificielles avec de la soude fondue, rendue caustique avec du sel marin, de
l'oxide de cuivre, etc. Comme cette
potasse factice, lorsqu'elle est bien fa-
briquée, ne diffère pas, physiquement
parlant, de celle qu'on importe du nouveau continent, les blanchisseurs prennent indifféremment l'une et l'autre :
de sorte que se servant tantôt de la potasse factice, tantôt de la potasse vraie,
leurs lessives sont rarement égales ;
toutefois, obligé de me prononcer entre les partisans de l'ancienne méthode
et ceux du blanchissage à la vapeur, je
ne balance pas de donner la préférence
à la nouvelle, malgré quelques inconvéniens attachés à son mode de manipulation, attendu qu'elle a pour elle
des règles qui établissent les moyens
d'agir avec précision, justesse et cer-
titude ; que l'on ne peut, en les suivant,
se tromper ni sur les substances que

l'on emploie, ni sur le degré de force de la lessive, ni sur la blancheur du linge. Nous répéterons donc que les blanchisseurs de profession ne devraient, à tous égards, se servir que de cette manière de blanchir; mais comme le plus grand nombre se trouve dans la classe du peuple, et que celui-ci, ne pouvant avoir ni un emplacement assez vaste ni les moyens pour faire l'achat d'un appareil à vapeur, suit par nécessité ou par économie, plutôt que par routine et par entêtement, l'ancien mode de blanchir, nous exposerons dans cet ouvrage les deux méthodes d'opérer, laissant à chacun à suivre son goût et sa manière.

ART DE BLANCHIR

ET

DE NETTOYER LE LINGE.

CHAPITRE Ier.

Du Linge.

Les toiles de coton, de chanvre et de lin, disposées en chemises, en mouchoirs, en serviettes, etc., portent le nom de linge : on dit linge fin, linge de corps, linge de table ; ces dénominations dérivent des divers emplois que l'on fait du linge dans l'économie domestique, et de la finesse de son tissu. Ainsi les serviettes et les nappes sont le linge de table ; les chemises, les mouchoirs, les cravates sont le linge de corps ; enfin on appelle linge fin les dentelles, les tulles, les batistes et tous les tissus de lin. Il est nécessaire de faire remarquer cette distinction, attendu qu'on opère différemment pour blanchir chaque espèce de linge; par exemple, le linge très-fin est le plus souvent soumis à un simple savonnage, tandis que le linge ordinaire a besoin d'être coulé pour être convenablement blanchi.

Nous avons dit que la découverte des tissus de coton, de chanvre et de lin est née du besoin que les hommes éprouvent d'améliorer leur bien-être; mais cette découverte, qui donne l'avantage d'étaler un luxe que la sagesse ne saurait condamner, puisqu'il est pour nous un moyen de propreté et d'hygiène, ne serait rien par elle-même si on n'avait imaginé le moyen de rendre au linge sale sa blancheur, sa propreté et sa première souplesse. Le linge dont on fait usage s'encrasse au bout d'un certain temps; il se remplit de matières visqueuses et collantes, qui se décomposent, se corrompent, et exhalent une odeur fade et repoussante. Dans cet état, le linge est plus nuisible qu'utile : il engendre toutes sortes de maladies et les sales produits que la misère et la paresse traînent après elles; c'est pour cela que les peuples qui négligent, dans leurs foyers domestiques, l'importante opération du blanchissage sont le plus souvent tourmentés par les poux, les puces et les punaises, et ce sont ceux sur lesquels la peste et les affections épidémiques ont le plus d'accès. Le linge ne peut donc être utile que lorsqu'il est propre; c'est le blanchissage qui, en lui rendant son éclat et sa finesse, lui donne une propriété conservatrice et le fait servir aux plus douces commodités de la vie; mais le linge, blanchi ou non blanchi, exige, pour être conservé, quelques soins préliminaires. Cent livres de linge blanc de lessive, dit Cadet-de-Vaux, pèsent, après qu'il a servi, cent cinq livres ; cette augmentation de poids vient des matières grasses et visqueuses, qui, comme nous l'avons dit, le tachent et le salissent. Ces matières portent avec elles un principe d'humidité qui favorise leur fermentation, et il est essentiel de la faire évaporer et d'en débarrasser le linge autant que possible.

Cependant l'usage habituel des maîtresses de maisons est de laisser le linge sale dans un coin et de n'y toucher qu'au moment de l'échangeage, moment qui est souvent fort éloigné, car dans les petites villes et dans les campagnes on reste deux ou trois mois sans faire une lessive ; pendant ce temps, le linge sale conserve son humidité naturelle et s'imprègne encore de celle du lieu où on l'a mis ; dans cet état, s'il ne se moisit pas toujours, il s'altère considérablement : cet usage, vicieux sous tous les rapports, doit donc être repoussé par toutes les personnes qui tiennent à la durée de leur linge. Le meilleur moyen est d'échanger le linge à l'eau courante au fur et à mesure qu'on le salit, de le faire sécher et de le conserver dans un endroit sec, propre et à l'abri de la poussière, jusqu'au coulage de la lessive; dans le cas contraire, on doit mettre le linge que l'on destine pour la lessive, dans un grenier bien aéré et sur des cordes, sans trop amonceler les pièces les unes sur les autres; il est même prudent de retourner le linge une fois chaque mois, afin de faire prendre l'air à la partie qui en a été privée; si on peut chasser de ces lieux les souris et les rats, il faut le faire, parce que ces animaux rongent le linge et qu'ils sont en état d'aller le chercher sur les cordes même pour satisfaire leur goût dévorateur.

Le linge fin, comme plus délicat et plus susceptible de se gâter, doit être séparé du linge ordinaire et mis dans un endroit sec, propre, et à l'abri de la poussière; on ne doit pas le garder long-temps dans sa crasse et il est mieux de le laver aussitôt qu'il est sale.

Ce qui détruit le plus le linge, c'est de le soumettre à des lessives trop fortes ou trop faibles; dans le premier cas, le linge se brûle, son tissu s'use et se dissout, pour ainsi dire, par la causticité de la lessive; dans le second cas, le linge n'étant pas assez décrassé, on est obligé de le brosser et de le tourmenter par le frottement et le lavage, ce qui l'use encore plus rapidement qu'une forte lessive. Nous ferons connaître, au mot *Lessives*, le moyen de les faire toujours égales et suffisamment chargées d'alcali.

Pour établir de l'ordre dans son linge sale, on réunit les pièces de même usage, les chemises avec les chemises, les mouchoirs avec les mouchoirs, ainsi du reste, et on en fait, sur des cordes ou sur des bancs, de petits tas séparés.

Dans les temps pluvieux et humides, il faut fermer les fenêtres du grenier dans lequel se trouve le linge sale, parce que les matières qui le salissent ont une propriété hygrométrique très-prononcée; elles attirent l'humidité, qui, comme on l'a dit, reste long-temps sans s'évaporer : la ménagère qui se dispose à faire le coulage de son linge doit le compter pièce par pièce et le noter sur un registre particulier, qu'on appelle *Livre de blanchissage*, la quantité de chemises, de draps ou d'autres espèces de linge qu'elle va mettre à la lessive.

Si dans le nombre des pièces il s'en trouve quelques-unes de plus sales ou marquées par des taches capables de résister long-temps à l'action de la lessive, on leur réserve une place particulière dans le cuvier, d'abord, afin que

3.

les matières colorantes dont elles sont imprégnées ne tachent pas, en se dissolvant dans la lessive, l'autre linge, ensuite, pour soumettre ces pièces profondément encrassées à l'action plus directe de l'alcali : c'est ainsi que l'on procède, sans inconvénient et sans désordre, pour conserver son linge sale ; mais lorsque le linge est blanchi , il exige encore de nouveaux soins : d'abord le linge de table et de corps ne doit être serré qu'après avoir été bien séché ; le linge que l'on renferme humide dans les armoires s'use et se consume dans sa propre humidité, et de plus il contracte un goût fade et putride ; il n'est jamais sain et il est dangereux de s'en servir dans certaines occasions. Il n'y a pas d'inconvénient de priver le linge bien sec du contact de l'air ; au contraire, plus il est serré, mieux il se conserve : voilà pourquoi, dans toute circonstance , on doit tenir à avoir des armoires bien fermées ; le linge bien lavé ne doit ni sentir la lessive ni le savon, ni même le goût que le linge neuf tire de son origine végétale ; il doit être blanc, sans tache, sans plis, proprement plié, régulièrement placé dans les armoires, c'est-à-dire les chemises avec les chemises, les draps avec les draps, ainsi de suite.

L'ordre et l'arrangement dans l'état domestique font naître la prospérité et l'abondance ; des soins que l'on prend du linge dépendent en partie sa conservation et sa durée, et la maîtresse de maison ne saurait mettre trop d'attention à cette partie importante de son ministère ; car lorsque le linge est négligé il s'use plus rapidement, et c'est un moyen ruineux pour un ménage.

CHAPITRE II.

Des différentes Taches du linge et des moyens de les faire disparaître.

Il ne suffit pas à une maîtresse de maison de prendre soin de son linge, de l'arranger avec ordre et propreté, de connaître le nombre des pièces qu'elle livre dans le ménage, il faut encore qu'elle sache apprécier la nature des taches qui le salissent et qu'elle connaisse les substances capables de les faire disparaître.

Les sécrétions de notre corps, l'humeur lymphatique, les mucosités nasales salissent rapidement et profondément le linge ; mais le simple échangeage à l'eau de rivière ou à l'eau tiède fait en grande partie disparaître la crasse visqueuse que ces humeurs laissent dans le linge ; quant aux taches qui proviennent des matières grasses que la transpiration entraîne avec elle, ou à celles que les huiles, les graisses ou le beurre font sur le linge de table et de cuisine, elles exigent souvent pour disparaître le concours d'une lessive alcaline, du savon, et le frottement réitéré du linge.

Comme toutes les espèces de linge de table et de corps sont plus ou moins empreintes de ces taches oléo-visqueuses, elles doivent être mises à la lessive, retirées, savonnées, battues et fortement pressées. Les taches de cette nature cèdent plus difficilement à l'action de l'alcali ; lorsque la matière graisseuse qui tache est couverte de poussière ou chargée de quelque substance colorante, alors on doit avoir recours aux huiles essentielles d'aspic ou de lavande, ou bien à l'essence de térébenthine, qui dissolvent le corps gras et souvent la matière qui le colore : c'est ainsi qu'on opère pour faire disparaître les taches du cambouis et celles que les autres peintures à l'huile et à la colle font sur le linge ; certaines taches d'huile ou de graisse cèdent à l'action du savon et ne cèdent point à la lessive, comme il y en a plus d'une qui disparaît à la lessive et que le savon ne peut effacer. La pratique fait distinguer toutes ces nuances et fait procéder à propos et avec économie : beaucoup de substances des trois règnes de la nature tachent le linge, indépendamment des huiles et des graisses ; les fruits rouges, les vins, la plupart des oxides métalliques, le fer, l'encre, etc., font une espèce de teinture sur les tissus de fil et de coton ; mais toutes ces taches cèdent à l'action des alcalis et des acides, qui dissolvent et s'unissent au principe colorant qui formait tache : ainsi, les huiles, les graisses répandues sur le linge se combinent, dans l'opération du coulage, avec les sels lixiviels et forment un savon liquide qui se mêle à la lessive bouillante. Les vins, les jus des fruits, les taches de rouille, l'encre cèdent leur principe colorant aux eaux acidulées, au jus de citron, au sel d'oseille, à l'eau de Javelle, etc.; l'acide sulfureux a aussi la propriété éminente de faire disparaître les taches; enfin, en opposant au corps qui forme la tache un corps qui a pour lui une forte affinité, on est sûr de la faire disparaître ou de la détruire en grande partie. Le linge qui porte des taches faites avec des corps gras (les mélanges de peinture exceptés) doit être soumis à la lessive avant toute opération préalable; après la lessive, s'il reste encore quelques marques apparentes de taches, on savonne, on brosse, on frotte le linge jusqu'à ce que la tache disparaisse; cependant, comme dans ces sortes de taches il s'en trouve quelques-unes qui résistent à tous les moyens connus, après le coulage et le savonnage il ne faut pas tant s'attacher à brosser ni à froisser le linge, parce qu'on l'use à pure perte ; il est plus prudent de s'en servir ainsi et d'attendre une autre lessive, et, s'il le faut, une troisième, pour le voir devenir blanc et tel qu'on le désire.

Lorsqu'on veut faire disparaître une tache d'encre ou quelque coloration végétale avec le soufre, on soumet la partie tachée du linge à la vapeur du soufre en ignition, en l'humectant de temps en temps ; on le laisse ainsi jusqu'à ce que l'on s'aperçoive que la tache a disparu ; si on emploie le sel d'oseille pour dissoudre la tache, on brise ce sel, qui est toujours en état cristallin, on l'applique à sec sur la tache, on remue avec le doigt et on humecte par quelques gouttes d'eau, etc. ; enfin on plie la pièce de linge ; on serre d'une main l'endroit où l'on a placé le sel d'oseille, et de l'autre on remue encore pendant un bon moment jusqu'à ce que le sel ait produit son effet. Si l'on veut faire passer les taches de rouille, d'encre ou de fruits avec de l'acide sulfurique étendu d'eau, avec du jus de citron ou de l'eau de Javelle, on trempe tout simplement dans ces liquides la partie tachée du linge, on la froisse tout doucement pendant quelque temps, on la tord ; on réitère une seconde fois la même chose si la première n'a pas parfaitement réussi, ainsi de suite ; enfin, on la savonne et on la rince à l'eau claire.

Si on veut faire passer une tache par le moyen du savon, on étend sur la tache du savon sec, assez mollasse pourtant pour se coller sur le linge, on l'y frotte, on asperge du bout du doigt le savon amolli, on frotte encore le linge, on répète trois ou quatre fois l'aspersion légère ; enfin, par le frottement, la tache finit par disparaître. Toutes ces opérations doivent se faire avant de soumettre le linge à la lessive; car, la plupart du temps, la lessive agit comme mordant sur les colorations végétales et sur les combinaisons d'oxides métalliques avec les huiles ou d'autres véhicules ; elle fixe la tache et la rend permanente.

Il ne faut point soumettre à la lessive ni les tissus de soie ni ceux de laine ; les tissus de coton, de chanvre et de lin passés à la teinture, excepté ceux qui sont teints en rouge ou bleu convenablement appliqués, ne supportent pas non plus le coulage; l'action de l'alcali les déteint, et en détruisant leur éclat et la fraîcheur de leur couleur il leur ôte tous les avantages que le luxe et le goût se plaisaient à leur trouver.

Lorsqu'on se prépare à faire une les-

sive, il faut choisir un beau temps ; les
temps d'orages, les chaleurs que produit une atmosphère chargée de fluide
électrique font tourner la lessive, le
linge profondément sale la fait aussi
tourner : il faut donc lorsqu'on a de
pareil linge le bien échanger, en passer une partie au savon, et faire la lessive un peu plus forte.

En général, une maîtresse de maison
qui se connaît dans l'art de blanchir le
linge, et qui agit avec précaution, voit
rarement tourner ses lessives et n'en
fait pas de mauvaises ; car une lessive
manquée ou tournée a presque toujours
pour cause la négligence ou l'ignorance
de l'ouvrier qu'on emploie pour la
faire.

CHAPITRE III.

*Des Cendres , de la Soude , de la
Potasse , et de leurs effets sur le
Linge.*

Si une ménagère ne connaissait que
la manipulation du lessivage, et qu'elle
ne sût pas les propriétés des substances qu'elle emploie pour rendre au linge
sa première blancheur, elle pourrait,
malgré les précautions et la plus grande
activité, manquer plus d'une fois son
opération : d'abord, du plus ou du
moins de cendres ou d'alcali dépend
souvent le succès d'une lessive. Ainsi,
connaître les qualités lixivielles de la
cendre, de la soude et de la potasse
est d'une rigoureuse nécessité pour la
personne qui se livre à l'art de blanchir.

Les cendres sont les résidus de la

combustion des végétaux, et elles équivalent au plus à quelques centièmes de la plante dont ils proviennent; il entre, dans la composition des cendres, beaucoup de sels à base terreuse, du soufre et des oxides; mais les sels alcalins à base de potasse et de soude forment la majeure partie des cendres d'une plante verte, et souvent ces sels entrent pour les trois quarts dans leur composition. L'effet de la combustion est de faire volatiliser la partie humide, le soufre, les acides combinés aux différentes substances terreuses et alcalines, et d'offrir ces substances unies à l'acide carbonique sous la forme tantôt d'une substance pulvérulente grisâtre, tantôt sous celle d'un bloc noirâtre et poreux, comme dans la soude brute. Si toutes les cendres contenaient une quantité égale d'alcali; si les autres corps qui entrent dans leur composition y existaient dans une quantité déterminée, peut-être pourrait-on apprécier, d'une manière exacte, les propriétés lixivielles des cendres et faire des lessives dont le succès serait à-peu-près certain ; mais chaque plante donne des cendres différentes, c'est-à-dire chargées de plus ou moins d'alcali et composées d'un plus petit ou d'un plus grand nombre de principes constituans; chaque partie de cette plante donne aussi plus ou moins de cendres et de salin : de là vient qu'une quantité donnée de cendres fait tantôt une forte lessive et tantôt une très-faible. Il est des plantes qui donnent des cendres chargées d'oxide, de principes terreux ou colorans, qui tachent le linge au lieu de le blanchir, et qui font tourner la lessive au lieu de la conserver ; il en est d'autres si chargées de salin, que, mises dans une lessive à la dose ordinaire, elles brûlent le linge. Les plantes soumises à une forte transpiration, les plantes herbacées, les plantes sarmenteuses contiennent beaucoup plus de cendres et beaucoup plus de sels alcalins que les plantes ligneuses : voilà pourquoi les cendres faites dans les campagnes sont presque toujours meilleures, je veux dire plus fortes que celles des villes, parce que le paysan brûle le plus souvent du petit bois, des bruyères, des genêts, des élagages d'arbres et enfin des bois toujours minces, chargés de feuilles et par conséquent produisant beaucoup de cendres.

Toutefois ce sont les différences indéfinies qui existent dans les principes formateurs des cendres, qui ont forcé plusieurs habiles chimistes d'en proscrire l'usage pour le blanchissage, et d'y substituer la potasse ou la soude purifiées, et j'avoue que leur méthode et leurs sentimens auraient dû être généralement suivis ; car les lessives faites avec les cendres doivent presque toujours offrir un succès incertain, attendu qu'on ne peut jamais savoir le degré de force de la cendre que l'on emploie, et que, de plus, toute cendre contient une partie colorante, qui noircit le linge au lieu de le blanchir; mais j'ai dit le motif puissant qui fait que l'on se sert toujours des cendres, malgré les inconvéniens qu'elles traînent après elles, motif d'économie, motif de commodité; la plupart des ménages ont leurs cendres, dont ils ne sauraient que faire si on ne les employait pas dans les lessives, et on trouve dans cet emploi une économie de plusieurs livres d'alcali : or, lorsqu'on vent faire une bonne lessive, on doit se servir de bonnes cendres ; on appelle ainsi celles qui sont chargées de sous-carbonate de soude ou de potasse et dégagées le plus possible d'oxide et de matières charbonneuses. On doit donc éviter de se servir des cendres qui sont les produits de bois vieux, pourris ou anciennement coupés; des cendres de bois ligneux et de celles de tous les fruits et de toutes les écorces. Les cendres du bois appelé *neuf*, celles de bruyères, de genêts, de sarmens de vignes, de viorne et de toute espèce d'arbrisseaux verts moelleux ou poreux sont préférables à toutes les autres, et on emploie ordinairement vingt à vingt-cinq boisseaux de pareilles cendres et deux livres de potasse pour couler cinq cents livres de linge; les blanchisseurs des villes doivent se servir spécialement des cendres de boulangers, de chaufourniers et de pâtissiers, parce que ces cendres sont le produit de bois neuf et du branchage des arbres; les fagots et les bourrées dont ils se servent sont les élagures des chênes, des ormes, des érables et d'autres bois qui fournissent beaucoup de bonnes cendres; enfin, puisque l'on est forcé d'ignorer la quantité des sels lixiviels qui entrent dans les cendres, on doit, lorsqu'on se prépare à faire une lessive, connaître la nature du bois qui a produit la cendre qu'on va employer : cette connaissance vous met à même d'établir des doses plus exactes et de faire des lessives suffisamment fortes et toujours égales. L'aspect d'une bonne cendre lixivielle doit être d'un gris blanchâtre et d'une couleur uniforme ; les taches noires qu'on observe parfois dans les cendres ordinaires sont des parties charbonneuses, et lorsqu'elles sont trop nombreuses et assez menues pour passer à travers le tamis dans lequel on passe toujours les cendres de lessive, il faut éviter de s'en servir. Les cendres noires ou d'un gris foncé, celles qui sont lourdes et d'un aspect pierreux ne sont pas bonnes pour la lessive ; elles sont le produit des tourbes, des charbons de terre et d'autres combustibles de même nature, qui con-

tiennent beaucoup de substances inso-
lubles et de matières colorantes. Lorsqu'on tient à conserver les cendres que
l'on fait dans sa cuisine pour la lessive,
il faut éviter de jeter dans le foyer des
pelures de fruits et d'oignons, des tro-
gnons de carottes, de choux, de poi-
reaux, des herbages pourris ou chargés d'humidité. Les cendres les plus
nouvelles sont les meilleures. Les cendres, par le laps du temps, acquièrent
une propriété hygrométrique, qui aug-
mente leur poids et les rend moins
propres aux opérations du blanchissage.
Voilà pourquoi, lorsqu'on dégage l'à-
tre des cendres qui l'encombrent, on
doit mettre celles-ci dans un tonneau
couvert, que l'on place dans un endroit
sec.

Depuis un temps immémorial, on se
sert de cendres pour couler les lessives.
Il y a tout lieu de croire que nos anciens ne connaissaient pas d'autres sub-

stances lixivielles propres au désencrassage du linge ; cependant, malgré ce
long usage, peu d'expériences se sont
faites pour déterminer la nature des
principes constituans des cendres de
chaque plante ; nos chimistes modernes ne nous donnent à ce sujet que des
idées générales ; on trouve dans leurs
ouvrages quelques tableaux d'analyses
faites sur quelques végétaux, ce qui ne
suffit pas pour fixer l'esprit méthodique
du praticien. Un ouvrage qui donnerait
une analyse exacte de chaque cendre
serait donc nécessaire, et maintenant
que les sciences chimiques sont au plus
haut point de perfection, un pareil
travail ne me paraît pas difficile à en-
treprendre : toutefois, comme dans les
grandes buanderies il faut une grande
quantité de cendres pour garnir la surface d'un vaste cuvier, depuis une qua-
rantaine d'années, on fait usage de la
potasse ou de la soude unies à la cen-

dre pour former le véhicule lixiviel. Pour cela, on met un poids donné de potasse, par exemple trois livres sur vingt ou trente boisseaux de cendres, et on forme la lessive comme nous l'indiquerons plus tard. Cette méthode, étant généralement suivie par toute l'Europe, nous oblige de parler des alcalis produits par la combustion des plantes.

La soude du commerce est à proprement parler le résidu de la combustion des plantes maritimes; toutes les plantes qui croissent sur le bord de la mer et dans les terrains salés contiennent de la soude. Cette substance saline est âcre, légèrement caustique, très-soluble dans l'eau, mais plus à chaud qu'à froid, et jouit, au plus haut degré, de la propriété alcaline; elle est combinée, dans son état brut, avec de l'oxide de fer, du charbon et différens sels à base terreuse; on extrait la soude du fucus, du *salsola vermiculata* et de la salicaire, qui croît sur les côtes de la Méditerranée ; on fait de la soude en Normandie, en Languedoc, en Espagne, à Carthagène, à Malaga et à Alicante. La fabrication de la soude brute est une opération aussi simple que facile : on cueille, dans leur grande vigueur, une quantité de plantes marines, que l'on fait sécher ; ensuite on les brûle dans des fosses de quatre pieds de largeur sur trois de profondeur, qui ont été creusées dans un sol bien sec. L'opération dure plusieurs jours ; au fur et à mesure que les plantes se consument, on en jette de nouvelles dans la fosse ; enfin le résultat de ce travail offre une matière charbonneuse, noire, poreuse, demi-vitrifiée et en masse, que l'on nomme soude brute ou soude du commerce. On divise la soude brute en morceaux, que l'on enveloppe dans des nattes ; on forme ainsi des balles de quatre à cinq cents livres pesant, que l'on expédie du lieu où on les fabrique dans toutes les parties de l'Europe. La soude la plus estimée est celle d'Alicante ; on en dis-tingue dans le commerce trois sortes ; savoir, n°. 1 , soude douce , soude ba-rille , soude de première qualité ; elle est cendrée et demi-vitrifiée ; elle est le produit du *salsola vermiculata ,* qui porte en Espagne le nom de barille; n°. 2, soude barille mélangée ; elle est noirâtre et remplie, dans l'intérieur, de petites cavités; n°. 3, soude bourde, la plus mauvaise des soudes d'Alicante; elle contient beaucoup de muriate de soude. Les soudes brutes peuvent, à la rigueur, être employées pour couler les lessives; mais il vaut infiniment mieux ne se servir que de soude raffinée ou carbonate de soude, attendu que la soude brute contient plus de moitié son poids de sels étrangers, d'oxides ou de charbon, qui atténuent, dans l'opération

du coulage, l'action énergique de la
soude. La soude cristallisée, ou le carbonate de soude, se fabrique avec du
sulfate de soude, du charbon et de la
craie : cent livres de sulfate mélangé
avec la craie et le charbon rendent
cent soixante livres de soude brute, qui
donnent quarante-trois livres de sel
par cent pesant. La soude, dans son
état parfait de raffinement, est blanche
et cristallisée, moins pesante que la
soude brute ; ses propriétés physiques
ont beaucoup d'analogie avec celles de
la potasse. Cependant, d'après nos chimistes, la soude, dans sa combinaison
avec les différens corps de la nature,
offre des propriétés attractives, qui ne
permettent pas de la confondre avec la
potasse ; toutefois, lorsque la nécessité vous oblige à employer de la soude
brute pour le coulage, on doit se servir
de celle de première qualité, qui est
lourde, demi-vitrifiée et comme mi-

cacée. On dissout la soude brute après l'avoir écrasée dans de l'eau chaude, que l'on verse sur la cendre qui couvre la surface de la cuve garnie de linge : la soude brute donne à-peu-près trente pour cent de soude, il convient d'en augmenter la dose suivant la proportion que l'on présume y être contenue, et afin de mettre la lessive au degré de force nécessaire. Quant à la soude raffinée, il est facile d'en déterminer la dose pour chaque lessive ; du reste, on en met ou plus ou moins, selon le plus ou moins de cendres qu'on emploie. On appelle soude caustique tous les sels de soude privés de leurs principes radicaux et de l'eau de cristallisation ; on ne doit se servir de cette espèce d'alcali que pour enlever les taches graisseuses que la lessive et le charbon n'ont pu enlever, encore faut-il le faire modérément ; sans cela, on est sûr de brûler le linge sur lequel on l'applique.

5.

La potasse est, comme la soude, un sel alcali âcre, légèrement caustique, très-soluble dans l'eau, et qui existe dans la plupart des plantes, sur-tout dans celles qui sont ligneuses; on retire la potasse par l'incinération de différens bois et par le lavage des cendres qui résultent de cette opération; on prépare la potasse dans les contrées où les bois sont communs, comme en Amérique et en Russie. Pour cela, on brûle du bois sur un terrain sec et abrité; on lessive les plantes qui proviennent de cette combustion à l'eau chaude, on fait évaporer la liqueur jusqu'à siccité; on calcine le résidu jusqu'au rouge dans un four à réverbère, afin de sécher et de brûler les matières charbonneuses qui pourraient y être entraînées; on retire alors le résidu du feu; il est en masses blanchâtres, plus ou moins nuancées de bleu, de noir ou de jaune par un oxide de fer ou de manga-

nèse , qui reste adhérent à la matière.
Dans cet état, le sel alcalin contient du
sulfate, du carbonate , du chlorure de
potasse et des oxides de fer ou de manganèse, qui le colorent ; on le met
dans des tonneaux bien fermés , et on
l'importe sous le nom du pays où il a
été fabriqué. On distingue dans le commerce six sortes de potasse ; savoir, la
potasse de Russie , celle d'Amérique ,
celle de Trèves , celle des Vosges, celle
de Dantzick et la perlasse ; de toutes
ces potasses on préfère celle de Russie
ou la potasse bleue de Dantzick : il y a
une trentaine d'années, les chimistes
qui avaient propagé en France le blanchissage à la vapeur ne voulaient pas
que l'on employât la potasse du commerce pour le coulage des lessives. Cadet-de-Vaux s'exprime ainsi : « Si l'on
voulait employer avantageusement la
potasse dans l'opération du blanchissage , il faudrait qu'elle fût à l'état du

carbonate (c'est-à-dire raffinée) : alors elle produirait, à peu de chose près, les mêmes effets que le carbonate de soude ; mais comme on ne trouve point dans le commerce cette espèce de potasse, et qu'il y est dans un état qui en fait varier la qualité, on aura donc un plus grand intérêt de ne s'en servir que quand on ne pourra faire autrement. » Tout ce que dit l'auteur que je cite peut être juste ; mais le système d'économie et des facilités, qui dirige toutes les opérations de ménage, a prévalu. On trouve plus facilement et à meilleur marché la potasse du commerce que le carbonate de potasse, et on s'en sert ; on trouve encore plus facilement la potasse que la soude carbonatée : voilà encore pourquoi on lui donne la préférence ; d'un autre côté, la potasse du commerce a une action plus prononcée que la soude brute, et le carbonate de soude est trop cher en comparaison de la potasse pour lui être préféré ; ce sont là sans doute les seules raisons qui font préférer la potasse à la soude. Maintenant toutes les blanchisseuses de villes se servent, pour les lessives ordinaires, de la potasse, qu'elles mêlent avec leurs cendres, comme nous le dirons au chapitre du *Coulage*.

Les potasses du commerce varient beaucoup en qualité, c'est-à-dire qu'elles sont plus ou moins chargées de principes alcalins ; on doit choisir pour la lessive celle qui est blanche, médiocrement légère, nuancée par des veines des couleurs verte et jaune, et qu'on trouve dans les tonneaux en masses friables et pourtant un peu dures ; il faut se garder d'employer la potasse qui aurait été rendue caustique, soit par la calcination, soit à la faveur de la chaux, à moins que l'on détermine, au moyen d'un alcalimètre, le degré de la lessive ; sans cela, elle brûlerait le linge, ou du moins altérerait son tissu. De tout ce que nous venons de dire, on doit conclure que tous les alcalis provenant des végétaux sont propres à décrasser le linge ; que les cendres des plantes qui contiennent ces alcalis peuvent être favorablement employées pour cette opération lorsqu'on est convaincu de leurs qualités, et que l'important dans le coulage c'est de bien déterminer la force que doit avoir la lessive, ce qu'on ne peut faire que par un pèse lessive que l'on appelle alcalimètre, par une grande habitude, ou bien par la connaissance parfaite du degré de force des alcalis et des cendres qu'on emploie.

CHAPITRE IV.

Du Savon et de son action dans le blanchissage du Linge.

Après les alcalis les savons tiennent le premier rang dans le blanchissage pour décrasser le linge : ce sont eux qui, par l'échangeage au savon, préparent les taches résistantes à céder à l'action de la lessive, et souvent les font disparaître par le savonnage lorsque la lessive n'a pu rien sur elles ; mais les savons sont susceptibles d'être altérés ou falsifiés dans leur fabrication, et leurs qualités varient tellement qu'il est important de bien connaître les bonnes, pour ne pas s'en faire vendre de mauvaises. Tout savon du commerce est l'union d'un corps gras avec un al-

cali végétal; on fait du savon avec toutes les huiles végétales et animales; on
en fait avec la potasse, la soude, les
cendres et tous les sels alcalins; mais
les meilleurs sont ceux qui sont le résultat de la combinaison de la potasse
ou de la soude avec les huiles d'olive
de seconde qualité, et, sous ce rapport,
les savons de Marseille et d'Alicante
sont ceux qui jouissent d'une réputa-
tion méritée. L'art de fabriquer le savon est un art très-important, que
nous ne décrirons pas, parce qu'il est
étranger à notre sujet; mais comme on
fait du savon avec toutes sortes de
graisses et toutes sortes d'huiles, il
n'est pas indifférent de faire distinguer
ceux dont on peut se servir avec avantage.

M. Machy, en 1768, lut un Mémoire
à l'Académie des sciences sur la cause
immédiate de la saponification, et il
établit, avec tous les chimistes d'alors,

que les matières essentielles à la formation du savon sont un alcali pur et une substance huileuse. Cette opinion, que l'expérience appuie, nous porte à croire que les savons faits avec les graisses ou avec les huiles concrètes sont toujours inférieurs à ceux faits avec des huiles liquides, par la raison que, dans les corps gras solides, il entre une plus grande quantité de suif absolu, qui ne se sépare pas si bien que la partie huileuse qui entre dans leur composition naturelle ; les savons faits avec les graisses animales rancissent au bout d'un certain temps et contractent une odeur forte qui se communique au linge ; ils ne décrassent pas si bien, ils se fondent trop vite et pas également, et souvent ils se grumèlent : cependant les suifs de chèvre et de brebis, employés tout récens, forment, avec la soude et la potasse, un assez bon savon compacte, très-dur, fort blanc, et qui peut se conserver long-temps sans se rancir ; mais les suifs colorés ou rances font toujours des savons inférieurs, qui ne sont pas blancs et qui ont une odeur insupportable.

Les huiles de poisson se saponisent aussi très-bien ; mais elles font toujours un savon un peu coloré, qui a moins de consistance que le savon ordinaire, et qui conserve l'odeur forte que ces huiles avaient dans leur état naturel.

Si les savons faits avec les graisses ou avec les huiles de poisson n'avaient que l'inconvénient de se rancir et de communiquer au linge l'odeur dont ils sont empreints, on pourrait s'en servir encore avec quelque avantage, parce que la rancidité ne se manifeste pas de suite, qu'on a le temps de les employer avant que cette altération n'ait lieu, et, que pour l'odeur qu'ils donnent au linge, on la fait facilement dissiper en étendant quelque temps le linge sur le pré ; mais la cause de leur infériorité tient encore aux résultats peu économiques que l'usage en retire : les uns se fondent dans l'eau, comme nous l'avons dit, avec une facilité incroyable, les autres ne s'y dissolvent pas du tout : de sorte qu'il n'y a ni économie ni avantage de se servir de ces savons, quelque bon marché qu'on les achète.

Les savons faits avec les huiles végétales lampantes sont donc les meilleurs ; toutefois, il faut savoir que les huiles les plus fines et les plus déliées ne se saponisent pas aussi bien que les huiles grasses. Voilà pourquoi les savonniers achètent toutes les crasses d'huile, dont ils remplissent de vastes tonneaux ; après, ils ramassent l'huile forte qui vient surnager à la surface, et c'est avec de pareilles huiles et celles qu'on trouve, après la fabrication, dans les bassins des moulins à huile d'olive, qu'on fait, dit-on, le meilleur savon.

Un phénomène singulier, qu'on observe dans la saponification des corps gras, c'est que les suifs et les huiles animales les moins rances et les moins odorantes font des savons qui rancissent et contractent une odeur forte au bout de quelque temps ; au lieu que les huiles d'olive les plus fortes, celles qui ont le plus le goût de fruit, perdent leur odeur en se saponisant, et forment avec les alcalis un savon qui ne rancit pas lorsqu'il est bien préparé.

On fait de bon savon dans tous les pays ; on en fait dans le Nord, on en fait dans le Midi ; mais celui qu'on fabrique sur les côtes méridionales de la Méditerranée doit être préféré, parce qu'il est toujours fait avec les huiles et les soudes qu'on récolte abondamment dans ces contrées.

On trouve, dans le commerce, des savons de différentes couleurs : les savons blancs sont les plus estimés ; quoique plus tendres et plus légers que les autres, on les préfère pour le savonnage du linge fin.

Les savons marbrés sont employés pour blanchir le linge ordinaire ; leur couleur leur vient de l'oxide de manganèse que l'on interpose dans leur pâte. Un savon, de quelque couleur qu'il soit, doit être sec, pesant, ferme et d'un aspect brillant ; il doit faire peu de déchet et ne jamais prendre d'odeur que celle qui lui est naturelle ; il doit s'user lentement et se dissoudre sans grumeaux à l'eau froide et plus facilement encore à l'eau chaude. Pour conserver le savon dans un ménage, on coupe les bandes par petits morceaux d'une livre et on les place dans un endroit sec, qui ne soit exposé ni au soleil ni au vent. Si les savons étaient toujours fabriqués avec confiance, les qualités les plus inférieures pourraient, au besoin, être employées pour blanchir le linge ; en proportionnant leur prix à leur médiocrité ; mais la plupart des savons sont falsifiés avec des matières tout-à-fait étrangères à celle de leur composition naturelle, comme avec de la farine, de l'amidon, de la chaux, du sel marin et de l'eau : ces sortes de savons, quelque bon marché qu'elles puissent être, sont toujours chères, et on ne doit pas s'en servir ; la fraude la plus difficile à reconnaître est celle que l'on fait en ajoutant de l'eau à la pâte de savon lorsqu'elle est en fusion, parce que, loin d'altérer les qualités physiques du savon, elle le rend plus beau et plus blanc ; cette fraude ne se reconnaît qu'au bout d'un certain temps par le déchet énorme que fait le savon, déchet qui ne va pas à moins de vingt à vingt-cinq pour cent. Quant à la chaux, à l'amidon et aux autres substances avec lesquelles on falsifie les savons, on peut facilement reconnaître la fraude en faisant fondre à un feu doux, dans une petite bassine, deux ou trois pains de savon coupés en petits morceaux : on verse dessus une lessive fort concentrée, on laisse refroidir le savon, après on le retire et on trouve au fond de la bassine les substances que l'on y avait introduites ; de plus, si le savon a été fait consciencieusement, on trouve une augmentation de poids produite par les sels de la lessive qui se sont unis au savon, et si on y avait introduit de l'eau, on trouve au contraire vingt à vingt-cinq de perte pour cent.

Le savon, indépendamment de l'emploi immense qui s'en fait dans le blanchissage du linge, est encore employé à beaucoup d'autres usages : on s'en sert pour le décrusage de la soie, pour désencrasser la laine, pour blanchir les tissus de coton, pour la toilette, pour la barbe, etc. On fait un savon pour enlever les taches, dont voici la recette : On coupe en tranches très-minces trois livres de bon savon, on prend un demi-fiel de bœuf, un ou deux blancs d'œufs; on met le tout dans un mortier avec une livre d'alun calciné et réduit en poudre. Ayant bien mêlé et pilé le tout ensemble, on tient cette masse environ vingt-quatre heures dans un lieu un peu humide ; si en maniant la pâte le mélange paraît parfait, on la distribue en mottes ordinairement rondes, qu'on conserve pour l'usage ; si les matières ne sont pas exactement mêlées, on tient la pâte dans un lieu sec, jusqu'à ce qu'elle ait pris un peu de consistance, puis on la coupe en tranches minces et on la remet dans le mortier pour la piler de nouveau avant d'en faire des mottes.

Lorsqu'on emploie le savon pour le blanchissage, il est plus économique de l'acheter un peu à l'avance et de le

faire sécher, attendu que le savon ré-
cemment fait s'use beaucoup plus vite ;
il est de l'intérêt du blanchisseur, lorsqu'il a un marchand attitré qui lui vend
de bon savon de ne pas le quitter; car
il le rend responsable du mauvais s'il
lui en donne et il le lui reprend sans
difficulté.

CHAPITRE V.

De la Buanderie et des ustensiles qui lui sont propres.

La buanderie est l'endroit où l'on coule le linge ; on appelle buandière l'ouvrière employée à faire ce travail. Les gens de la campagne et la plupart des personnes de la ville n'ont point de locaux spécialement destinés pour couler leur linge : ils font cette opération dans leur propre cuisine ; mais dans les hôpitaux, dans les établissemens où il y a un grand nombre d'ouvriers, dans les grandes maisons, chez ceux qui font leur état de l'art du blanchissage, la buanderie est une pièce séparée, où l'on ne fait que couler la lessive.

L'endroit destiné pour la buanderie est toujours un coin retiré de la maison; c'est une pièce qui, pour être bien disposée, doit être sous une voûte au rez-de-chaussée, et dans un lieu frais et spacieux, percé de deux ou trois fenêtres, muni d'une grande cheminée et, s'il est possible, auprès d'un puits et non loin du bûcher; le plancher doit être pavé ou tout au moins recouvert d'un carrelage en briques; cet endroit doit être lavé, nettoyé et toujours propre, ainsi que les objets qui servent à l'opération; il est nécessaire d'y construire près de la cheminée un fourneau en briques à demeure, dans lequel on place un chaudron en cuivre ou en fonte à fond plat et terminé par un rebord de quelques lignes, pour lui servir de point d'appui; on doit se régler, pour la grandeur des fourneaux et du chaudron, sur la quantité de linge que l'on est dans l'habitude de lessiver.

Il y a beaucoup de blanchisseurs qui, pour éviter la dépense ou l'embarras d'un fourneau à demeure, se servent d'un fort trépied de fer surmonté d'un cercle de même métal, sur lequel ils placent leur chaudron de lessivage : j'observe que ce moyen est aussi bon que l'autre pour l'objet qu'on se propose, mais qu'il ne présente pas autant de facilité et n'est pas aussi solide : le trépied peut tourner et la lessive se renverser; de plus la buandière est plus exposée à l'action du feu et à la vapeur lixivielle; un balai de bouleau, une pelle à feu et de fortes pinces, des seaux et une fontaine, ne doivent jamais quitter la buanderie ; le balai sert pour nettoyer l'endroit où se fait le coulage, que le bois et les cendres obstruent à tout moment; la pelle et les pincettes pour arranger le feu et disposer le bois comme il convient sous le chaudron ; les seaux s'emploient pour échanger les eaux de la lessive, pour en avoir de nouvelles sous la main ; enfin la fontaine est nécessaire, car si on n'a pas toujours de l'eau à sa disposition, on risque souvent d'en manquer au moment le plus pressant. Une cuve et un ou deux cuviers sont les objets les plus nécessaires à une buanderie; car c'est dans la cuve que l'on met le linge que l'on veut couler, et les cuviers servent pour échanger le linge, pour le savonner; ils servent encore pour faire de petites lessives et pour entreposer l'eau de lessive après qu'elle est faite; une cuve n'est, à proprement parler, qu'un grand cuvier dont les douves sont faites de bois blanc, et un peu épaisses et unies entre elles par trois bons cercles de fer; on préfère ce bois à tout autre, parce que les alcalis n'ont pas autant d'action sur lui; la cuve est toujours ronde; il en est qui sont évasées et plus étroites à leur partie inférieure; elle est percée en dessous d'un trou par où passe l'eau de lessive dont on émerge continuellement le linge : les cuviers sont faits du même bois ; ils sont plus petits, moins épais et cerclés en fer comme la cuve. Après s'être servi de la cuve et du cuvier, on les place, pour les conserver, dans un coin de la buanderie, dans une position latérale ; c'est-à-dire qu'au lieu de les placer droit, on les place sur le côté. Des bancs étroits, longs et de trois à quatre pieds de haut, sont aussi nécessaires pour entreposer le linge mouillé que l'on échange ou que l'on savonne.

Lorsque la lessive est coulée et le linge porté à la rivière, on nettoie la buanderie et tout ce qui a servi pour l'opération ; on laisse les fenêtres ouvertes pendant deux ou trois jours, pour renouveler l'air, et on les ferme après jusqu'à une nouvelle lessive.

CHAPITRE VI.

De la Lessive.

———

La lessive est une opération par laquelle, à l'aide d'une solution alcaline plus ou moins concentrée, on enlève au linge les taches et les matières qui le salissent. La lessive, considérée comme l'ensemble de toutes les opérations du blanchissage, peut être divisée en six parties ; savoir, 1°. l'échangeage ; 2°. l'encuvage ; 3°. le coulage à froid ; 4°. le coulage à chaud ; 5°. le savonnage ; 6°. le rinçage. Comme chacune de ces parties exige un article séparé et des explications particulières, occupons-nous seulement ici de la lessive comme solution alcaline. La potasse ou la soude dissoute dans l'eau chaude, le lavage des cendres, donnent une liqueur plus ou moins onctueuse, qui a la propriété de se combiner avec les corps gras qui tachent le linge, de les dissoudre, de se saponiser avec eux et enfin de disparaître par le rinçage, de laisser le linge dans son état de blancheur naturelle; cette liqueur s'appelle lessive du mot *lavare*, laver, parce qu'en effet elle lave le linge et lui redonne sa première propreté : afin que cette liqueur agisse d'une manière efficace, il faut qu'elle ait un degré de force proportionné à la quantité et à la saleté du linge qu'on y soumet. Plusieurs auteurs pensent que les lessives faites avec les potasses et les soudes du commerce ou avec les cendres sont trop chargées de sels à base terreuse, et que les acides combinés avec les bases alcalines atténuent beaucoup trop leur action dissolvante, et ils conseillent de les en dépouiller par une addition de poudre de chaux dans la liqueur ; d'autres prétendent que ce moyen serait dangereux, qu'il donnerait à l'alcali une causticité qui pourrait altérer et brûler même les tissus de linge : moi je pense, et j'ai fait l'expérience de mon côté, que c'est le plus sûr moyen d'avoir des lessives toujours égales et au degré de force qu'on le désire ; mais, pour cela, il faut avoir un instrument pour mesurer la liqueur lixivielle, et opérer avec précaution dans la confection de cette liqueur, selon que le linge est plus ou moins sale et selon la quantité que l'on veut soumettre à la lessive ; un degré de plus ou de moins pour le linge qui est médiocrement sale ou pour celui qui l'est profondément, c'est beaucoup : ainsi, si vous avez à lessiver deux cents livres de linge, vous jugez approximativement qu'il vous faut douze livres de carbonate de soude ou seize livres de soude brute, pour en faire une lessive de cinq à six degrés de force à l'aréomètre ; vous faites fondre cette soude dans quarante ou cinquante litres d'eau presque bouillante, vous ajoutez alors $\frac{4}{10}$ de chaux de la soude employée ; vous laissez reposer la lessive, afin qu'une partie de la chaux qui est en suspension dans la lessive se précipite au fond du chaudron, vous décantez alors la liqueur et vous vous en servez pour couler votre linge, après en avoir reconnu la force par l'aréomètre. On conçoit que si on ne trouve point la lessive assez forte, on ajoute un peu de potasse, et si elle l'est trop on l'affaiblit par une addition d'eau. Plusieurs auteurs donnent les tableaux comparatifs des différens degrés que la lessive doit avoir à l'aréomètre, par rapport à chaque espèce de linge, soit sec, soit mouillé. En voici un extrait du *Dictionnaire technologique*, qui me paraît réunir tous les avantages désirés, et qui est à-peu-près le même que Cadet-de-Vaux a donné dans le *Dictionnaire d'agriculture.*

Linge échangé et mouillé.		Linge non échangé et sec.	
Linge de cuisine.	Linge d'office ou de corps.	Linge de cuisine.	Linge d'office ou de corps.
Lessive avec	Degrés.	Degrés.	Degrés.
Le carbonate de soude......... 6°	5	$2\frac{1}{2}$	2
La potasse..... 6°	5	$2\frac{1}{2}$	2
La soude brute. 6°	5	$2\frac{1}{2}$	2
La cendre..... 7°	6	3	$2\frac{1}{2}$

Composition de la Lessive en poids.

Pour 50 kilogrammes :

Sec, très-sale.....	Sel de soude.....	3 kilog.
idem, idem........	Potasse de Russie.	1 kil. 250
idem, idem........	Soude brute.....	4 kilog.

Quantité d'eau pour la dissolution du sel.

	Linge échangé.	Linge non échangé.
Pour 3 kilogrammes : Sel de soude......	25 litr.	45 litres.
Pour 1 kil. 250 ; Potasse..........	25 litr.	45 litres.
Pour 4 kilog. : Soude brute......	22 litr.	42 litres.

D'après ces trois tableaux, il est facile au blanchisseur de déterminer la
quantité de potasse qu'il faut pour faire
la lessive présumée nécessaire pour désencrasser une quantité donnée de linge
; l'instrument aréométrique dont
on se sert ordinairement peut être
avantageusement remplacé par l'alcalimètre de M. Descroizille ; car le premier n'apprécie que la densité de la liqueur alcaline, au lieu que l'autre apprécie la quantité d'alcali que contient
la liqueur avec l'alcalimètre. On ne
peut pas se tromper sur le degré de
force des lessives les plus caustiques,
c'est-à-dire de celles qui sont le plus
chargées d'alcali pur ; mais aucun blanchisseur ne se sert de cet instrument,
et il y a apparence que, malgré sa
grande utilité et son extrême simplicité, aucun ne s'en servira. Ici, comme
dans beaucoup de métiers, l'habitude
sert de règle à l'ouvrier : on sait que

telle quantité de potasse doit faire une lessive d'une force suffisante pour désencrasser une telle quantité de linge, et cela suffit; on ne va pas plus loin; on n'ignore pas pourtant qu'une quantité donnée de potasse ou de soude du commerce contient des portions inégales d'alcali pur, que, malgré l'habitude de juger de la force d'une lessive par la vue ou par le goût, on se trompe souvent, puisqu'il n'y a pas un blanchisseur qui puisse dire qu'il fera ses lessives égales, et qu'il y en a peu qui rendent constamment leur linge blanc et non brûlé; mais avec l'alcalimètre de M. Descroizille, il faut quelques opérations préliminaires pour mesurer la force de l'alcali; il faut peser exactement une quantité de potasse ou de soude, la mettre dans un mortier, la réduire en poudre, laver ensuite soigneusement le mortier et le pilon pour réunir toutes les parcelles qui pourraient y être attachées, fondre le tout dans assez d'eau pour former une masse capable d'être soumise à l'instrument appréciateur : toutes ces petites opérations sont minutieuses pour l'ouvrier, et naturellement la présomption que lui donne l'expérience le force à avoir beaucoup d'éloignement pour elles.

«L'alcalimètre de M. Descroizille, dit M. Chaptal, est un tube qui porte une division telle que la portion d'une eau acidule, représentant le dixième de son poids d'acide sulfurique à 66°, contenu dans la capacité du tube, comprise entre chaque degré, est égale à cinq décigrammes d'eau acidulée, équivalant à cinq centigrammes d'acide sulfurique à 66°; et comme la dissolution alcaline qu'on doit saturer représente cinq grammes de soude ou de potasse employée, il s'ensuit que chaque division de l'instrument contient en eau acidule le dixième de l'alcali soumis à l'épreuve, ou le centième en acide sulfurique à 66°. Si on emploie dans une saturation l'eau acidule contenue dans cinquante divisions d'alcalimètre, on en conclut que cent de la matière alcaline saturent cinquante d'acide sulfurique concentré (quarante d'acide réel), et l'on dit que cet alcali marque cinquante degrés. Les divisions sur les tubes alcalimétriques faites sur cet instrument sont tracées à l'aide d'une plume à diamant. » Afin que deux lessives contiennent la même quantité absolue d'alcali, il faut que deux mesures semblables de cette lessive saturent des proportions égales de la liqueur alcalimétrique, ou, en d'autres termes, qu'elles donnent le même degré à l'alcalimètre. Du reste, que ce soit par présomption ou par insouciance que les blanchisseurs repoussent les moyens que les industriels leur donnent pour apprécier la force de leur lessive, il est de fait qu'ils agissent contre leurs propres intérêts ; car c'est dans la connaissance exacte de cette force , et dans l'effet qu'elle produit sur le linge, qu'existe toute la difficulté de bien blanchir.

CHAPITRE VII.

De l'Échangeage.

L'échangeage a pour but d'enlever au linge sale, par le moyen du lavage à l'eau pure, les matières visqueuses et gluantes dont il est chargé : la plupart des ménagères n'échangent leur linge qu'au moment de couler la lessive; mais cette méthode est vicieuse, et ce n'est pas sans raison que Curaudeau la repousse, en soutenant que le linge ainsi imbibé d'eau ne se laisse plus aussi facilement pénétrer par la lessive ; on doit donc échanger le linge au fur et à mesure qu'on le salit, ou tout au moins toutes les semaines : alors l'échangeage du linge offre tous les avantages que l'on doit en attendre ; il débarrasse le linge de toutes les matières qui peuvent être solubles dans l'eau, et le linge ayant le temps de se sécher avant d'être mis à la lessive, il est plus propre et mieux en état de recevoir l'action énergique de l'alcali.

On doit échanger, lorsqu'on le peut, à l'eau courante, parce que les matières dissolvantes se trouvent entraînées par le courant. On a toujours une belle eau pour laver le nouveau linge : lors donc qu'on a l'avantage d'être près d'un ruisseau d'eau courante ou près d'une rivière, on y transporte son linge, on le trempe dans l'eau, on l'y froisse à la main, on l'exprime, on le passe de nouveau à l'eau en réitérant la même opération, et après l'avoir bien exprimé on l'étend ou sur le pré ou dans un grenier, pour le faire sécher. Lorsqu'il est bien sec, on peut le mettre en tas ou sur des cordes ou sur des bancs, jusqu'à la première lessive, sans craindre la moindre détérioration; mais souvent, dans les campagnes, on n'a pas d'eau de rivière à sa volonté, souvent même celle de puits manque : alors la nécessité vous oblige de vous servir de celle que l'on a. L'eau de puits, celle de fontaine, remplacent assez bien celle de rivière, quoiqu'il s'en faille de beaucoup que ces eaux soient aussi dissolvantes ; mais les eaux de certains lavoirs ou de certaines mares, qui croupissent et exhalent une odeur putrescente, ne sont pas aussi bonnes, et on ne doit s'en servir que quand on ne peut pas faire autrement. Quand l'eau est rare et qu'on ne peut se procurer que de celle de puits, on échange son linge dans le cuvier, pièce par pièce ; on le tord ; on le pose sur un banc que l'on a près de soi, ou bien sur un drap, à terre, et lorsque l'opération est finie, on étend tout son linge pour le faire sécher. Si on échange partiellement le linge à mesure qu'on le salit et dans une eau courante, on peut se passer de savon ; mais dans le cas contraire, il en faut pour désencrasser certaines parties des pièces de linge de corps, comme les cols de chemises, les poignées des manches et autres parties profondément sales. On est dans l'habitude de laisser tremper un instant le linge avant de le laver, afin qu'il s'imbibe bien et que les taches visqueuses et collantes aient le temps de se dissoudre. On laisse les pièces les plus grosses pour les dernières. L'échangeage au savon exige la même manipulation et une eau douce, afin de mieux profiter de la dissolution savonneuse que l'on fait par le frottement du savon sur le linge ; on échange au savon, comme je viens de le dire, les parties les plus sales et les plus fortes du linge de corps ; on échange encore le linge de cuisine et celui dont l'expérience apprend que les taches ne résisteraient pas à l'action de la lessive. L'échangeage est l'opération préliminaire du blanchissage : c'est elle qui, dépouillant le

linge de sa plus forte crasse, économise,
pour ainsi dire, le temps de toutes les
autres opérations; car si le linge était
mis sans être échangé dans la cuve, il
faudrait plus de temps pour le couler,
plus de temps pour le rincer et le savonner : ainsi, afin de profiter de tous les
avantages de cette opération, il faut,
comme le recommandent tous les agronomes modernes, échanger au fur et
à mesure qu'on salit.

CHAPITRE VIII.

De l'Encuvage.

L'ENCUVAGE est une opération par laquelle on arrange dans la cuve à lessive le linge échangé, mouillé ou non mouillé. La manière de bien encuver le linge dépend le plus souvent de l'habitude; cependant il y a un certain ordre à suivre pour disposer chaque pièce de linge à recevoir convenablement la lessive bouillante. Pour procéder à l'encuvage, on établit d'abord sa cuve sur un fort trépied de bois; ces sortes de trépieds ont presque toutes la forme d'un triangle alongé. On prend alors son linge, pièce par pièce, et on l'étend par couches dans le cuvier, en faisant en sorte de le presser le plus possible : on place d'abord le linge fin le premier, parce qu'il n'exige pas un si haut degré de chaleur pour se dépouiller de sa crasse, et que du reste il est reconnu que lorsqu'on le lessive trop à chaud les taches de graisse et autres se fixent dans son tissu au lieu de se dissoudre. Si on a du linge de couleur, on doit le mettre avant le linge fin ; après celui-ci, on pose le linge en raison de la finesse de son tissu, les chemises après les mouchoirs, les serviettes et les nappes avant les chemises et ainsi de suite. Lorsque le cuvier est plein, on le recouvre d'une forte et grosse toile qui déborde le cuvier : on met sur cette toile une quantité de cendre proportionnée à la masse du linge qu'on veut lessiver ; on étend cette cendre de manière qu'il s'en trouve trois ou quatre pouces sur toute la surface du cuvier. Lorsqu'on a un peu plus de linge qu'il ne faut pour remplir le cuvier, on entoure ce vase, à sa partie supérieure, d'une espèce de clayonnage en osier, fait en forme de panier et qui contient l'excédant du linge.

CHAPITRE IX.

Coulage à froid.

Couler à froid, c'est verser dessus le linge du cuvier de l'eau claire, jusqu'à ce qu'elle sorte par le trou qui est au bas du cuvier aussi claire et aussi limpide qu'elle l'était auparavant; cette opération dure près de vingt-quatre heures, et je ne la crois pas essentiellement nécessaire. Le linge encuvé a toujours été préalablement échangé, par conséquent les taches ou la crasse qui sont susceptibles de céder à l'action de l'eau ont déjà disparu; le coulage à froid ne peut donc servir qu'à affaiblir la force de la lessive alcaline, en imbibant le linge d'une forte quantité d'eau : cette vérité a tellement été reconnue par nos auteurs modernes qui ont traité de l'économie domestique, qu'aucun ne parle de cette opération comme étant nécessaire au blanchissage. Cependant, dans une grande partie de la France on a encore l'habitude de couler à froid, et l'on perd inutilement une journée à verser de l'eau claire sur du linge qui n'en exige pas, et qui, au contraire, a été tordu ou séché auparavant dans un tout autre dessein; toutefois, admettons que le linge n'ait pas été bien échangé, ou qu'il contienne encore après son échangeage quelques parties solubles à l'eau, alors le coulage à froid peut servir à dissoudre ces parties. On me dira, sans doute, qu'une grande heure de plus de coulage par la lessive alcaline produirait autant d'effet, j'en conviens; mais enfin on veut couler à froid, il faut bien alors en établir les règles : pour couler à froid, on doit se servir de préférence de l'eau de rivière à celle de puits et des fontaines, qui est toujours chargée de matières séléniteuses ou calcaires, qui lui ôtent sa vertu dissolvante. Les eaux croupissantes, celles qui sont troubles ne conviennent pas non plus : les premières sont capables de tacher le linge, les autres peuvent incruster ses tissus par les particules terreuses dont elles sont chargées ; cependant il en est de cette opération comme de celles que l'on est obligé de faire en tout lieu, la nécessité fait la règle. Au bord d'une rivière, on se sert de l'eau de rivière ; sur le haut d'une montagne, on se sert des eaux de lac ; dans les campagnes arides, on emploie l'eau que l'on trouve : vaut mieux alors ne jamais couler à froid. Lorsqu'on a de l'eau convenable pour couler à froid, il faut en verser sur le linge au fur et à mesure qu'elle s'échappe par les tissus dans le cuvier qui sert à la recevoir ; on ne doit verser de l'eau

que lorsque la surface du cuvier est à
sec : on jette ordinairement la première
et la seconde eau qui sort de la cuve;
l'autre, que l'on emploie après, achève
le coulage.

CHAPITRE X.

Coulage à chaud.

LE coulage à chaud suit immédiatement le coulage à froid. Cette opération, que les blanchisseurs considèrent comme la plus minutieuse et la plus importante de l'art, consiste tout simplement à verser portion par portion la lessive alcaline bouillante sur le linge de la cuve, pendant quinze à dix-huit heures : elle n'offre donc rien de bien difficile; mais elle est pénible et fatigante. Il s'agit, pendant ce long intervalle de temps, d'entretenir un feu continuel sous le chaudron, pour maintenir la lessive en ébullition; de prendre dans le chaudron, avec un pot ou avec un vase convenable, cette lessive bouillante, de la verser dessus le linge, de la reprendre encore après qu'elle est passée à travers le trou pratiqué au bord du fond de la cuve et de la remettre dans le chaudron pour la faire réchauffer. Il arrive, par l'effet de cette manutention, que la lessive, en passant lentement et comme par infiltration sur toutes les couches de linge, lui enlève peu à peu les matières grasses qui le salissent, et en se combinant avec ces matières, elle prend une couleur d'un jaune brun : de là vient que le linge fin, les mouchoirs, les chemises et toutes les pièces qui présentent un tissu délicat ou usé, se trouvent plus colorés qu'ils ne l'étaient auparavant; mais les taches n'ont pas moins disparu, et un simple rinçage efface cette coloration lixivielle.

Ce qui fait que les blanchisseurs regardent cette opération comme le *nec plus ultra* de l'art, c'est que la plupart d'entre eux ne suivent aucune règle pour la composition de leur lessive, et que procédant d'une manière incertaine, je veux dire par instinct et par habitude, ils ont des résultats peu avantageux : tantôt leur linge est demi-blanc, tantôt il est brûlé ; le but de la lessive étant de donner au linge sa blancheur et sa propreté naturelles, cette variation dans l'opération, qui est un effet de leur négligence, la leur fait trouver difficile.

Nous avons dit de quelle manière il fallait faire une lessive pour l'avoir toujours d'une force égale, et pour proportionner cette force à la quantité et à la qualité du linge qu'on y soumet : occupons-nous maintenant de l'opération toute matérielle du coulage à chaud. Lorsqu'on veut couler la lessive, on doit choisir un beau temps ; car il est important, pour la blancheur et la conservation du linge, de le laver et de le sécher aussitôt qu'il sort de la cuve ; un linge coulé qui reste long-temps sans être lavé et séché n'est ja-mais blanc. On met le linge en cuve ordinairement l'après-midi; mais que l'on ait coulé à froid ou non, on com-mence son coulage à chaud, de grand matin, pour l'avoir fini de bonne heure, et voici comme l'on procède : Le linge encuvé et recouvert, comme nous l'a-vons dit, d'une forte et grosse toile, on y sème dessus une couche de trois ou quatre pouces de cendres bien ta-misées, propres et très-sèches; on bou-che le trou de la cuve avec un tampon de paille , afin que la liqueur alcaline ne s'échappe que goutte à goutte , et l'on place au-dessous de ce trou un petit cuvier pour la recevoir : d'un au-tre côté, on allume son fourneau , on remplit son chaudron d'eau douce de rivière, que l'on fait chauffer jusqu'à l'ébullition ; on y ajoute la quantité de potasse et de soude jugée nécessaire , que l'on a préalablement fait dissoudre dans une moindre quantité d'eau : plusieurs blanchisseurs mettent leur alcali dans le chaudron avec l'eau pour le faire fondre ; enfin lorsque la liqueur bout, on la verse, potée par potée, sur la cuve, de façon que la liqueur surnage jusqu'au bord du cuvier. Au fur et à mesure que la lessive disparaît de dessus la cuve, on en remet encore, et on enlève celle qui passe par le trou, que l'on verse dans le chaudron pour la faire bouillir de nouveau.

Lorsqu'on coule du linge ordinaire, soit draps, nappes, serviettes, chemises, etc., il est nécessaire que l'eau de lessive soit continuellement à quatre-vingts degrés, terme de l'eau bouillante, afin de doubler l'action de l'alcali et en faciliter la combinaison avec les corps gras qui salissent le linge ; mais si l'on fait une petite lessive de linge fin, soixante-cinq ou soixante-dix degrés suffisent à la lessive; plus chaude, elle agirait comme mordant sur les taches et les fixerait au lieu de les faire disparaître. Souvent on veut rendre la lessive plus caustique en dépouillant l'alcali que contiennent les cendres, la soude et la potasse du commerce de tous les sels à bases terreuses qui leur sont adhérens : pour cela, on jette une petite quantité de chaux en poudre dans la solution alcaline du chaudron, ou bien on délaie cette chaux avec un peu d'eau, et on la jette tout simplement dans la liqueur; lorsqu'elle est en ébullition, on laisse refroidir, afin que les particules de chaux qui surnagent puissent se précipiter au fond du chaudron ; on décante alors la lessive et on la fait bouillir pour s'en servir.

Toutefois, lorsqu'on veut faire usage des lessives rendues caustiques par le moyen de la chaux, il faut toujours avoir un aréomètre ou un alcalimètre pour les mesurer, sans cela on risque de brûler son linge. Il est aussi nécessaire de se servir de ces instrumens lorsqu'on n'emploie que des cendres; car les qualités de cendres varient tellement que, dans des quantités égales de cendres, les unes peuvent faire une lessive très-forte et les autres une très-faible : dans le premier cas, l'opération est plus tôt finie , mais le linge peut se brûler; dans le second, elle peut traîner long-temps et même ne pas désencrasser le linge comme il faut. Dans une partie de la France , en Franche-Comté , par exemple, on n'échange pas le linge, on le place tout sale dans la cuve. Je n'approuve pas cette méthode; car, dans ce cas, la lessive se colore davantage; elle se charge de matières colorantes et visqueuses, que l'échangeage entraîne, ce qui la rend puante et peu propre à être employée à de petits lessivages; il faut la jeter vingt-quatre heures après être sortie de la cuve et souvent plus tôt ; parfois cette lessive tourne, c'est-à-dire qu'elle se décompose et se corrompt et perd toute sa vertu lixivielle. Curaudeau et Cadet-de-Vaux se sont convaincus que cet inconvénient est souvent produit par les orages et par l'effet d'une atmosphère chaude et étouffante ; mais on peut être aussi persuadé que la décomposition de la lessive est souvent le résultat d'un linge profondément sale ; enfin, une lessive ne tourne jamais lorsqu'on proportionne sa force à la quantité et à la qualité du linge qu'on y soumet et qu'on la coule dans un beau temps. Quelques blanchisseurs, à Paris, n'emploient que de la potasse ou de la soude pour couler leur linge : alors ils en mettent une plus grande quantité pour composer leur lessive ; mais ils procèdent, pour le reste de l'opération, de la même manière que nous l'avons dit. Les maîtres blanchisseurs qui ont une longue expérience de leur état connaissent, à l'inspection des couches supérieures du linge qui est dans le cuvier, si l'opération est finie ou près de l'être ; mais le plus grand nombre peut s'y méprendre. Cependant, lorsque les taches du gros linge ont disparu, on doit être persuadé que celles du linge fin le sont aussi ; toutefois, lorsque la lessive est faite convenablement et dirigée de même, en commençant à couler à trois heures du matin, on peut cesser à cinq ou six heures du soir ; il n'y a pas d'inconvénient de couler une couple d'heures de plus, mais alors on doit ralentir l'opération et enfin cesser insensiblement le coulage.

On laisse le linge dans la cuve jusqu'au lendemain matin pour le faire égoutter et pour le maintenir chaud. On éteint son feu : on lave et nettoie les ustensiles qui ont servi pour le coulage ; on balaie la buanderie, de manière à n'avoir rien à faire le matin qui va suivre que de retirer le linge et de le porter à la rivière.

CHAPITRE XI.

Savonnage.

———

Le linge coulé reste pendant la nuit dans la cuve, trempé dans son eau de lessive, qui le maintient chaud jusqu'au lendemain matin, trois ou quatre heures : alors on procède au retirage, on enlève la toile grossière qui contient le résidu de la cendre ; on prend pièce par pièce le linge, que l'on tortille pour lui conserver un reste de chaleur ; on le met dans des hottes ou dans des sacs, et on le porte de suite à la rivière pour être soumis au savonnage. Dans bien des endroits, on se sert de la cendre qui a servi à couler la lessive comme engrais ; on la fait sécher et on la répand sur les terres nouvellement façonnées ;

dans d'autres, on la jette. Une eau pure, abondante et tranquille est celle qui convient mieux au lavage du linge. Lorsque le coulage est bien fait, il suffit parfois d'un bon lavage pour lui enlever l'alcali et les matières étrangères, et le rendre, comme on dit, blanc de lessive; mais comme presque toujours il se trouve des taches persistantes et que le linge coulé contracte une faible coloration, produite par l'action énergique de l'alcali, on le soumet au savonnage : cette opération a donc pour objet d'enlever au linge les taches qui ont résisté à l'action de la lessive; elle sert aussi à faire disparaître cette teinte jaunâtre dont le linge est toujours imprégné, même après les lessives les mieux faites. Tout le monde sait comment les blanchisseuses savonnent leur linge de lessive : assises ou courbées au bord d'un bateau ou d'une rivière, avec une petite planche ou un petit banc uni, elles prennent le linge pièce par pièce, le frottent à sec avec le savon, l'humectent avec une petite quantité d'eau, le frottent, le battent ou le brossent quelque temps, et elles réitèrent ce travail jusqu'à ce que toutes les taches aient disparu. Pour expédier plus promptement le savonnage, il faut que le savon soit de bonne qualité, c'est-à-dire qu'il ne se fonde pas trop vite et qu'il ne se grumèle pas ; que l'eau soit pure de toute substance séléniteuse, et peu courante. Certaines blanchisseuses, quand l'eau est trop rapide ou trop profonde, se servent de cuvier pour savonner leur linge coulé : cette méthode épargne du savon, mais elle n'est pas si expéditive que l'autre. Le savonnage et le lavage du linge coulé exigent, pour être bien faits, une longue habitude et beaucoup de précaution ; la blanchisseuse novice, ou celle qui lave sans soin, va user deux fois plus de savon

que celle qui sait et qui lave avec méthode, et son linge ne sera pas encore
blanc; elle usera aussi beaucoup plus le
linge, en le brossant, en le frottant
sans modération. Je n'approuve pas la
méthode de brosser le linge, qui est
celle des blanchisseuses de Paris; je
pense qu'en battant trois ou quatre fois
les pièces de linge en tout sens, en les
tordant, les trempant après modérément et en réitérant une seconde fois
la même opération si le cas l'exige, on
parvient à imprégner les tissus de linge
d'autant de savon qu'il est possible; et
cette méthode use beaucoup moins le
linge que celle de la brosse, qui détruit
les tissus et les fait tomber en charpie.
Aussi, à Paris, se plaint-on généralement que le linge, surtout celui de
corps, s'use trop vite, et on n'a pas
tort; une blanchisseuse va parfois brosser un col ou un poignet de chemise
pendant dix minutes, pour enlever une

tache résistante, sans doute ; avec ces efforts multipliés, elle fera partir la tache, mais le morceau de linge partira avec elle ; et c'est ce qui arrive trop souvent. Dans les provinces de France, et généralement dans tout pays, les brosses sont prohibées pour le lavage ; on se sert de battoirs ou longs ou carrés, qui sont un peu plus minces sur les bords que dans le milieu et unis des deux côtés. Cette manière de battre le linge est certainement encore vicieuse ; mais comme il en faut une pareille pour faire pénétrer le savon dans toutes les fibres du linge, il vaut mieux employer celle-là que celle du brossage. On doit savonner dans un beau temps, et le plus qu'il est possible au bord d'une rivière, surtout lorsqu'on a une certaine quantité de linge de table et de corps : il n'y a que le linge fin que l'on doit savonner à la maison, parce qu'il nécessite l'emploi de l'eau chaude ;

dans le savonnage du linge coulé, on doit avoir soin de ne point user le savon inutilement, c'est-à-dire qu'il ne faut l'étendre que sur les parties du linge où l'on voit des taches résistantes. Il ne faut point tourmenter trop long-temps les pièces par le frottage ou la pression lorsque les taches résistent aux efforts ou aux moyens ordinaires, on doit les laisser pour une autre lessive ; enfin l'habitude et l'attention peuvent seules apprendre à une blanchisseuse les moyens les plus économiques et les plus certains de savonner ; la théorie ne peut qu'indiquer la règle générale, la pratique apprend les particularités de l'art.

CHAPITRE XII.

Du Rinçage et de la manière de passer au bleu le linge.

Le linge lavé, savonné et dégorgé de l'eau de lessive, on le rince ; pour faire cette opération convenablement, il faut être sur le bord d'une eau courante ou auprès d'une fontaine profonde ; car le but du rinçage est d'enlever entièrement le savon et toutes les matières étrangères du linge, ce qu'on ferait difficilement avec peu d'eau : voilà pourquoi on appelle rincer à grande eau, secouer, développer, tordre tout à la fois le linge de lessive à la rivière ou dans un grand réservoir, afin que le rinçage soit bien fait. Il faut que le linge blanc de lessive ne sente aucun goût de savon ni d'alcali ; on reconnaît qu'une pièce de linge est suffisamment rincée, lorsqu'après l'avoir bien secouée et bien déployée en pleine eau, l'eau qui en sort en la tordant est aussi claire que celle de la rivière où on la travaille.

Dans le rinçage, on ne fait que tremper et tordre le linge, on ne se sert ni de la brosse ni du battoir que pour les grosses pièces : voilà pourquoi lorsqu'on rince dans une fontaine ou dans une rivière où l'eau est un peu tranquille, après le lavage et le savonnage on laisse tout le linge dans l'eau jusqu'au moment de le rincer ; car ces trois opérations se font immédiatement les unes après les autres. Dans la plupart des pays de la France, après le rinçage, on met le linge sécher sans préalablement le passer au bleu, et je pense que cette méthode est préférable : le bleu ne blanchit pas le linge, il le charge au contraire d'une teinte nuancée qui est au détriment de sa propreté naturelle ; mais dans la capitale et dans les grandes villes, où l'éclat et le luxe passent avant tout, ce sont des vices auxiliaires de la civilisation, et par conséquent ils en sont des parties constituantes. Le bleu ne blanchit pas le linge, mais il lui donne un vernis éclatant qui plaît à la vue ; lorsqu'on ne met pas trop de bleu aux pièces de linge fin, il relève la blancheur que la lessive leur a donnée, et la rend plus douce et plus agréable.

Le bleu d'indigo est celui de tous les bleus que l'on préfère pour cette opération, c'est celui qui fait le mieux ressortir la blancheur du linge ; on se sert de l'indigo dissous dans de l'acide sulfurique, que l'on appelle bleu, en liqueur, ou de l'indigo en pierre. Certaines ménagères prétendent que le bleu en liqueur brûle le linge, et c'est pour cela qu'elles se gardent de s'en servir ; toutefois, lorsqu'on veut passer le linge au bleu, on a un grand vase proportionné à la quantité de linge que l'on veut azurer ; on le remplit aux deux tiers d'eau douce de rivière. Si on se sert du bleu en liqueur, on en verse quelques gouttes dans cette eau jusqu'à ce qu'elle ait pris une teinte bleuâtre ; si on se sert de l'indigo pur, on met dans un morceau de laine une petite pierre d'indigo, on en fait un petit nouet que l'on trempe dans le vase pour donner à l'eau le degré de coloration convenable ; on bat un bon moment cette eau azurée, afin de bien diviser la partie colorante : alors opérant sur le linge fin le premier, on le prend pièce par pièce, que l'on déploie et que l'on tient, avec ses deux mains, par deux coins séparés ; on trempe la pièce à plusieurs reprises dans l'eau azurée, on la tord et on la met sécher. Dans bien des ménages, on ne passe au bleu que les chemises, les cravates et différens linges de toilette.

CHAPITRE XIII.

Du Séchage et du Pliage du Linge de lessive.

———

Lorsque le linge est rincé ou passé au bleu, l'essentiel est de le sécher promptement; car il n'y a rien qui lui enlève plus vite sa blancheur que de le laisser imbibé d'eau. Dans certains établissemens publics, comme dans les hôpitaux, on a de grosses presses pour presser le linge rincé, afin de lui enlever toute son humidité; de plus, on établit un séchoir dans un vaste local, percé de tous côtés par de grandes croisées; on étend son linge sur des perches, que l'on place horizontalement les unes à côté des autres, à la distance de deux ou trois pieds, et de cette manière le linge est bientôt séché, à moins que le temps ne soit pluvieux; mais, dans les ménages et chez les blanchisseurs même, on se contente de tordre le linge le plus qu'il est possible et de l'étendre, en plein air, sur des cordes que l'on attache à des piquets de trois à quatre pieds, fixés en terre, et distans entre eux de six à sept pieds. Dans la campagne, on étend le linge sur le pré le plus voisin du lieu où on le rince, ou sur la grève d'une rivière. Ces moyens sont tous bons lorsqu'il fait beau; mais lorsqu'il pleut et que le temps est nébuleux, on doit l'étendre dans l'intérieur des maisons et aider le séchage par un peu de feu de poêle, ce qui ne le rend pas aussi blanc que s'il était séché en plein air; mais il vaut mieux encore l'avoir ainsi que de le garder long-temps humide. Lorsque le linge est très-sec, on le plie. Les draps, les nappes, les serviettes et le linge de cuisine ne sont point soumis

au repassage ; aussitôt secs, on les dé-
tire le plus que l'on peut pour les unir :
on commence par les plier en quatre
dans leur largeur, et ensuite on les re-
plie en longueur, comme si on voulait
en former des petits carrés longs. C'est
ainsi qu'on le dispose pour être renfer-
mé dans des armoires à linge ; mais
tout le linge, au sortir du séchoir, se
plie ; c'est lorsqu'il est arrivé à la maison que le linge fin , les chemises, les
cravates sont soumis au repassage.

CHAPITRE XIV.

Savonnage du Linge fin et Repassage.

Nous avons dit que toutes les opérations du blanchissage tendaient à un but unique, celui de donner au linge sa propreté et sa première blancheur; toutefois, ces opérations se modifient selon les habitudes coutumières des pays. Nous n'avons pas cru devoir rappeler les modes de blanchir qui sont communs aux diverses contrées de la France, attendu que nous aurions été obligé de faire de nombreuses répétitions; car, il faut l'avouer, ce sont, partout, l'eau, le savon, les cendres ou les alcalis qui font la base du blanchissage; ce n'est que dans la manutention que l'on observe des différences. Le savonnage du linge fin éprouve aussi ces variations; fidèle à notre système, nous ne décrirons que celui qui est le plus commun et le plus facile. La plupart des ménagères ne mettent pas leur linge fin à la lessive, et il est certaines pièces de linge fin que l'on n'y met jamais, tels sont les tulles, les dentelles, etc. Lorsqu'on veut faire un savonnage, on commence par échanger son linge dans de l'eau claire, on cherche à se procurer de l'eau de lessive (la plus nouvelle et la meilleure); on la fait chauffer et on la coule dans un baquet ou petit cuvier où l'on a placé son linge: alors on le lave, ou le lessive, c'est-à-dire qu'on le déploie, on le froisse, on le tord de la même manière qu'on fait à la rivière pour le gros linge; cette opération peut s'appeler désencrassage à l'eau de lessive. Quand au contraire on n'a pas de l'eau de lessive, on fait tout simplement chauffer de l'eau de rivière , et on y désencrasse le mieux que l'on peut le linge. On doit, autant que possible, n'employer dans le blanchissage du linge fin que de l'eau de rivière ou celle de pluie; l'eau de puits, celle de fontaine contiennent trop de substances calcaires , et elles n'ont pas une vertu dissolvante aussi prononcée. Après cette opération préliminaire, on fait une eau de savon , c'est-à-dire que l'on met sur le feu de l'eau dans laquelle on a mis une quantité convenable de savon coupé par petits morceaux ; on remue le mélange avec un petit bâton jusqu'à la parfaite dissolution du savon : après plusieurs bouillons , on verse cette eau toute bouillante sur le linge décrassé que l'on a mis dans un baquet; on couvre le tout avec un couvercle de bois ou quelque autre chose, afin d'entretenir plus long-temps la chaleur. Lorsque le linge est resté ainsi un certain bout de temps, ou, mieux, lorsque l'eau est presque tiède, on le froisse légèrement sans le battre ni le brosser, et, après, on le rince à plusieurs eaux, jusqu'à ce qu'il soit dépouillé de tout son savon. Certains blanchisseurs mettent dans leur savonnage un peu de bleu, pour lui donner une teinte agréable ; d'autres y ajoutent un peu d'eau de Javelle, dans l'intention d'aviver la vertu décrassante du savon. Je pense que le bleu est inutile et que l'eau de Javelle, qui est une eau acidulée, ne peut produire aucun effet avantageux lorsqu'elle est mêlée à l'eau de savon, et je ne suis pas d'avis de suivre de pareils usages. Le linge rincé et tordu, on le déploie, on l'étend sur des cordes, et lorsqu'il est sec on le passe à l'empois ; on ne passe à l'empois que les mousselines, les cravates et les cols de chemises et quelquefois les poignets. L'empois est tout simplement de l'amidon que l'on fait fondre et bouillir dans l'eau ; un demi-quart d'heure d'ébullition sur un feu modéré suffit pour cuire l'amidon au point convenable. Certains blanchisseurs ne font pas bouillir leur amidon, ils le délaient tout simplement dans de l'eau froide et y passent le linge ; mais cette méthode n'est point approuvée des maîtresses de maisons : elles ont reconnu que le linge ainsi amidonné ne conservait pas long-temps sa fermeté, et que la moindre humidité le mettait en chiffon ; de plus, le linge imprégné de pareil empois se casse plus facilement. Lors donc que l'amidon est cuit, l'empois est fait ; on le passe à travers un linge, pour le dégager des impuretés qu'il pourrait contenir ; on le met dans un vase convenable, on y trempe la pièce de linge ou la partie de la pièce que l'on veut passer à l'empois, on la presse comme il faut entre les mains et on la soumet au repassage. La plupart des blanchisseurs ont la mauvaise habitude d'acheter leur empois tout fait; il est important de le préparer soi-même, d'abord parce que l'empois le plus nouvellement fait est toujours le meilleur, ensuite parce qu'on sait mieux comme il est préparé ; on doit être convaincu que l'empois trop cuit ou celui qui ne l'est pas assez influe beaucoup sur la propreté et sur la conservation du linge. Tout le linge fin se repasse ; cette opération a pour but de détirer le linge le plus que possible, de le rendre plus poli, plus uni, de lui donner une forme et une fermeté convenables ; les tulles et les dentelles se passent à une eau gommée avant d'être repassés ; les cols, les poignets de chemises, et tout le linge mi-fin se passent à l'empois.

Le repassage est une opération tout à la fois simple et délicate, qui exige beaucoup d'adresse et une longue habitude. Il est sans doute essentiel, dans le repassage, de savoir chauffer son fer au point convenable, de promener avec adresse et dextérité ce fer sur toute la surface du linge que l'on veut repasser; mais une infinité d'incidens imprévus peuvent survenir pour celui qui n'a que la théorie, il peut salir et brûler le linge, il peut le mal plisser ou le mal unir : voilà pourquoi ce n'est qu'après plusieurs années de pratique que l'on parvient à savoir bien le repassage ; encore on fait souvent, malgré soi, bien des bévues en repassant; c'est ce qui nous oblige à ne pas nous étendre sur cette opération, ni à établir une théorie que la pratique démentirait à tout moment.

Pour rendre au linge, sur-tout au damassé, sa première beauté, il faut faire usage d'une mécanique ressemblant en petit à une calandre dont se servent les apprêteurs de soie : celle-ci

est en bois; d'abord un plateau très-
uni et de bois extrêmement dur, de
huit à neuf pieds de long sur trois à
trois pieds et demi de large, supporte
une forte caisse de bois dur, de même
largeur que le plateau, mais moins longue de deux pieds et demi. Cette caisse
est garnie de poids kilog. ou autre pesant : deux rouleaux de moyenne gros-
seur la supportent sur le plateau; une
chaîne en fer, attachée aux deux bouts
de la caisse et entourant une roue aussi
en fer, placée au milieu du dessus de la
caisse, la fait mouvoir par le moyen
d'une manivelle qu'un homme tourne
sur le côté, qui fait aller et venir la
caisse sur les rouleaux qui se trouvent
garnis du linge damassé ou autre. Le
linge que vous mettez sur les rouleaux
doit être d'abord très-sec; vous l'hu-
mectez en le mettant sur le rouleau,
comme on fait du linge fin quand on

veut le repasser. Les Anglais se servent de cette mécanique pour les chemises, les robes, nappes, serviettes et mouchoirs.

TRAITÉ

DU BLANCHISSAGE

A LA VAPEUR.

AVANT que Curaudeau et Cadet-de-Vaux eussent perfectionné le blanchissage à la vapeur, on blanchissait ainsi le linge en Bretagne, et plusieurs savans prétendent que ce procédé est en usage dans l'Orient depuis un temps immémorial; il ne s'agit pas de constater ici l'antiquité de ce mode de blanchir, mais il est important d'établir son utilité. Le blanchissage à la vapeur ne diffère essentiellement des autres blanchissages que par le coulage, mais le coulage est la plus importante opération de l'art et celle qui est la plus

longue et la plus dispendieuse; la simplifier, la rendre plus économique et
moins longue, c'est à quoi tout écono-
miste sage a dû tenter, et ce fut sans
doute dans ce dessein que les chimistes
que je viens de citer entreprirent des
expériences dont les résultats furent si
avantageux pour la science. Il est vrai
que, depuis l'époque de leurs travaux,
cette innovation heureuse n'a pu sur-
monter les obstacles d'une habitude
routinière; il est vrai que cette manière de présenter une opération simple de ménage dans un appareil scien-
tifique, et de soumettre à un calcul
exact et à des règles invariables ce qui
n'avait été jusqu'alors pour la ménagère que le jeu d'une pratique habituelle, a dû dégoûter la plupart des
blanchisseurs, genre de personnes qui
préfèrent à leur savoir acquis tout ce
que les découvertes nouvelles peuvent
avoir de sublime et d'utile; mais cet

inconvénient singulier, qui semble impliquer contradiction avec la marche lente et progressive de l'esprit humain et offrir une anomalie dans les ouvrages de la raison, ne peut servir de preuve contre les avantages du blanchissage à la vapeur; ce n'est pas la première fois que l'on a vu des découvertes utiles lutter pendant de longues années contre l'esprit du siècle ou contre les paisibles erremens de la routine. Le blanchissage à la vapeur offre des avantages réels, économie considérable dans les matières premières que l'on emploie, économie de temps, linge toujours également blanc, plus de propreté dans l'opération, moins de fatigue et d'embarras; enfin, dans ce mode de blanchir, le perfectionnement est si manifeste qu'on ne saurait le voir avec indifférence, et l'on doit espérer que bientôt dans ce sujet, comme dans bien d'autres, la raison saura anéantir ce que l'ignorance a si long-temps soutenu.

L'appareil à vapeur est composé d'un fourneau en briques, d'une chaudière en fonte, d'une cuve à vapeur, de tuyaux par où la vapeur circule d'un clayonnage qui, dans les grands appareils, sert à soutenir le linge et parfois la liqueur alcaline. On coule à la vapeur dans de petits et de grands appareils ; ainsi la dimension des uns et des autres ne changeant rien à l'opération, prenons un exemple sur un appareil ordinaire. L'endroit où se fait le coulage à la vapeur doit être une pièce au rez-de-chaussée, assez grande et carrelée, s'il se peut, en pierre. Le fourneau doit être à côté d'une fenêtre, et dans une cheminée à large chapiteau. Dans ce fourneau, on implante la chaudière jusqu'à ses bords : une gorge sert à l'asseoir sur la gorge du fourneau, afin que le calorique ne s'échappe que le moins possible. Le véhicule de la chaudière devant alimenter de vapeur la cuve où l'on a rangé le linge, elle doit être plus large que profonde ; la cuve à vapeur est comme les autres cuves, c'est-à-dire qu'elle est ronde et cerclée par trois bons cercles de fer et faite de bois blanc ; toute la différence qu'on peut y remarquer, c'est que cette cuve est plus large du haut que du bas et qu'elle est sans fond ; lorsqu'on commence l'opération, on recouvre sa partie supérieure par un couvercle mobile que l'on retire à volonté.

Lorsque la buanderie est fournie de toutes les pièces nécessaires à l'appareil à vapeur, on se procure de la soude ou de la potasse, on a de l'eau de rivière ou de pluie, et l'on compose sa lessive. La lessive alcaline pour le blanchissage à la vapeur se fait ainsi, d'après Cadet-de-Vaux et Curaudeau : Eau pure, cent livres ; carbonate de soude, douze livres ;

savon, une livre : pour le linge de cuisine très-sale, on ajoute deux à trois livres de plus de sel alcali et une demi-livre de savon ; on fait fondre la soude carbonatée dans six pintes d'eau froide ou chaude ; on fait dissoudre le savon séparément dans six pintes d'eau chaude ; si on mêlait les deux dissolutions à froid, le savon se caillebotterait. Il faut chauffer la dissolution de savon dans un chaudron et y ajouter peu à peu les six pintes de dissolution alcaline et ensuite les trente-huit pintes d'eau qui doivent compléter la lessive.

Lorsqu'on veut faire cette lessive avec de la potasse, on procède de la même manière, et on emploie les mêmes doses de cet alcali et de savon pour cent livres d'eau ; on peut aussi faire sa lessive avec des cendres : pour cela on extrait préalablement les sels alcalis qu'elles peuvent contenir, et voici comment on opère : On remplit de cendres un baquet au fond duquel on a pratiqué une ouverture qui est recouverte par une petite couche de paille, afin de faciliter l'écoulement de la lessive qui traverse la cendre (dans le moment du lessivage cette ouverture doit être exactement fermée) ; on verse sur la cendre de l'eau bouillante, on remue un bon moment le mélange, et on ajoute de l'eau jusqu'à ce que celle-ci surnage sur la cendre ; alors on ouvre le trou du fond du cuvier et la lessive passe petit à petit. On ajoute, au fur et à mesure que la lessive du cuvier se vide, de la nouvelle eau, jusqu'à ce que tout l'alcali contenu dans les cendres soit dissous ; alors on cesse le lessivage. Cette eau de lessive, mise au degré convenable, est aussi bonne pour le blanchissage à la vapeur que celle que l'on fait avec de la potasse ou de la soude. Il est essentiel de faire remarquer que la qualité de l'eau influe beaucoup sur la qualité de la lessive, et que l'eau crue, c'est-à-dire chargée de substances séléniteuses, ne dissout pas aussi facilement et en aussi grande quantité les alcalis que les eaux pures de rivières ou de pluies; elle trouble aussi la transparence d'une dissolution de savon, et l'on dit des eaux de fontaines ou de puits qui caillebottent le savon sans le dissoudre : *Cette eau ne prend pas le savon.* Cependant, comme il y a des contrées où l'on se trouve obligé d'employer ces espèces d'eaux, faute de s'en pouvoir procurer d'autres, on doit trouver un moyen d'enlever à l'eau de puits et de fontaine sa crudité en neutralisant les substances calcaires qu'elle peut contenir. On fait dissoudre dans un litre d'eau vingt-quatre onces de carbonate de soude cristallisé ou autant de potasse; on ajoute à cette dissolution, lorsqu'elle est en ébullition, environ une once de savon coupé par petits morceaux; on agite le mélange jusqu'à ce que le savon soit dissous et que le tout ait acquis une consistance visqueuse. On verse cette dissolution sur deux cents livres d'eau bouillante : il se ramasse un instant après, sur la surface de l'eau, une substance coagulée que l'on enlève avec une écumoire; par ce moyen cette eau est devenue potable et a acquis toutes les qualités de celle des fleuves, on peut s'en servir sans crainte pour toutes les opérations de lessivage. Différens auteurs ont donné les quantités d'alcali présumées nécessaires pour blanchir une quantité donnée de linge mouillé ou non mouillé : par exemple, Cadet-de-Vaux dit que pour cent livres de linge sec et fort sale il faut six livres de carbonate de soude cristallisé, et cinq livres pour toute espèce de linge; que si c'est de la soude desséchée, il en faut moitié. Mon opinion à ce sujet, que l'expérience est venue fortifier, est qu'il n'y a jamais d'inconvénient que la lessive soit un peu plus forte, et qu'il y en a toujours qu'elle soit plus faible, car le linge ne se blanchit jamais bien; ainsi, pour avoir de bonnes lessives, il faut tenir qu'elles aient un degré de force de plus que de moins, et on ne peut mieux apprécier cette force convenable que par l'alcalimètre, ou par l'aréomètre. C'est pourquoi je renvoie à ce que j'ai dit à ce sujet pour établir une manière constante et sûre de faire des lessives de force toujours égale et suffisante; mais comme il est nécessaire de déterminer la quantité de liquide qui convient, nous ajouterons que pour quarante livres de linge sec il faut dix livres de lessive; l'eau que l'échangeage du linge apporte dans la cuve affaiblit cette lessive et la met au degré qu'il convient.

Lors donc que la lessive est faite, on commence l'opération, ayant d'abord échangé son linge selon le mode usité; on l'étend par couches dans un cuvier percé par le fond d'un petit trou; on verse sur chaque couche de linge une certaine quantité de lessive chaude, afin que toutes les parties du linge en soient imprégnées également : on fait cette aspersion avec un petit arrosoir, en comprimant légèrement le linge à mesure qu'on arrose; on laisse le linge dans la lessive lorsqu'on ne veut mettre à la vapeur que le lendemain, afin de le conserver dans un état de tiédeur, ce qui abrège le temps du coulage. Ce n'est toujours que quelques heures après que le linge a été imprégné de lessive qu'on le retire du cuvier, pour le disposer dans la cuve à vapeur; la manière d'arranger dans cette cuve est *vice versâ* de celle qui est en usage pour le coulage ordinaire, c'est-à-dire qu'on met au fond de la cuve les torchons et les pièces les plus grossières, et successivement celles qui le sont un peu moins. La cuve à vapeur étant comme un tonneau sans fond, on l'adapte à la chaudière, et afin de soutenir le linge, on ajoute à sa partie inférieure un clayonnage en bois plat, soutenu par un trépied de fer qui entre dans la chaudière ; le liquide de la chaudière est entretenu ou par la lessive qui découle du linge encuvé ou de celle qu'on y verse quand on s'aperçoit qu'elle n'est point suffisamment fournie, et pour cela on ménage au bas de la cuve un trou qu'on ferme avec un bouchon : en débouchant de temps en temps ce trou pendant l'opération, on s'assure si la lessive bout et s'il y en a une quantité suffisante. Ainsi, la cuve à vapeur adaptée à la chaudière, on y dispose les tuyaux à vapeur : ils sont en bois blanc. On place les tuyaux à la surface du clayonnage, un au milieu du linge, les autres sur la cuve : ils sont assujettis par une cheville; c'est au moyen de ces tuyaux que la vapeur se répand également dans tout le linge de la cuve et qu'elle le pénètre d'une chaleur brûlante. Les tuyaux posés, on prend le linge du cuvier et on l'arrange dans la cuve, c'est-à-dire qu'on l'y place sans le presser : dès que cette opération est faite, on met le couvercle, on bouche l'orifice des tuyaux avec un peu de linge, afin de concentrer la vapeur, et alors on met le feu à la chaudière. La conduite de l'opération, après que l'appareil est monté, est fort peu de chose; on a le soin d'entretenir le feu, afin de maintenir le liquide dans une ébullition continuelle. Si la chaudière n'était pas au moins à demi pleine, on y ajoute de la lessive, on soulève de temps en temps le couvercle, pour savoir si la vapeur a bien pénétré le linge; ce qu'on reconnaît lorsqu'en passant la main à la surface on sent la vapeur

brûlante et le linge également brûlant.
Le linge une fois imprégné de vapeur,
quinze à vingt minutes suffisent pour
retirer les mouchoirs de couleurs, et
successivement le linge fin que l'on a
placé à la surface supérieure et dont
on fait tout aussitôt le retirage et le savonnage ; la durée d'un cuvage est, selon la capacité de l'appareil, de trois à
à six heures. Lorsqu'on a une grande
quantité de linge à blanchir, on peut
retirer le linge de la cuve à vapeur
après s'être assuré qu'il est convenablement désencrassé et en remettre
d'autre ; on peut ainsi cuver par jour
de mille à quinze cents livres de linge
dans vingt-quatre heures. Le linge blanchi à la vapeur et par la lessive alcaline,
dont nous avons donné le procédé, est
toujours plus facile à désencrasser de
tout ce que cette lessive n'a pu lui enlever ; il faut beaucoup moins de savon,
beaucoup moins de temps pour le savon-

nage et le rinçage, que dans une lessive ordinaire, où il faut dix-huit heures de temps, un quart de voie de bois, six à sept livres de savon ; le même blanchissage à la vapeur épargnera les deux tiers de bois, de savon et de temps, et le linge sera toujours également blanc. Les autres opérations qui suivent le coulage par la vapeur, étant les mêmes que celles que nous avons décrites pour le blanchissage ordinaire, nous nous abstiendrons de les rapporter ici, nous dirons seulement que le linge fin supporte très-bien le blanchissage à la vapeur, et que l'on peut tout aussi bien faire un cuvage de batiste et de dentelle qu'un cuvage de grosse toile.

FIN.

TABLE DES MATIÈRES.

Extrait du Catalogue général de la Librairie d'Agriculture et d'Art vétérinaire de Madame Huzard (née Vallat la Chapelle), *Imprimeur-Libraire, rue de l'Éperon,* n°. 7, à Paris.

Depuis longues années, exclusivement consacrée à l'Agriculture, aux Sciences et aux Arts qui s'y rapportent, cette Librairie renferme une immense Collection d'Ouvrages les plus importans, dont la lecture ne saurait être trop recommandée à ceux qui se livrent ou se proposent de se livrer à ce genre d'industrie.

Le Catalogue général se délivre à toutes les personnes qui font connaître le désir de le consulter.

MANUEL du bouvier, ou Traité de la médecine-pratique des bêtes à cornes ; par *Jos. Robinet.* Nouv. éd., aug. de notes traduites de l'anglais par M. *Huzard* fils. Paris, 1826, 2 vol. in-12.   6 f. et 7 f. 60 c.

MANUEL pratique du Laboureur ; par *Chabouillé-Dupetitmont ;* 2°. édit. Paris, 1826, 2 vol. in-12, fig.
                              8 f. et 10 f.

MÉMOIRE sur l'éducation, les maladies, l'engrais et l'emploi du porc ; par *Erick Viborg*, professeur et chef de l'École royale vétérinaire de Copenhague, et *Young,* fermier du comté de Suffolck, en Angleterre, in-8, fig.   4 f. et 5 f.

DESCRIPTION de l'art du blanchîment par l'acide muriatique oxigéné ; par *Berthollet.* In-8.   1 f. 25 c.
                              et 1 f. 50 c.

DESCRIPTION des procédés employés par M. *Mergoux,* curé de Bezons, près Paris, afin d'introduire les pommes de terre dans la fabrication du pain. Paris, 1817, in-8, fig.   50 c. et 60 c.

DESCRIPTION et usage du bertholimètre, instrument d'épreuve pour l'acide muriatique oxigéné liquide, etc. ; mémoire faisant suite à la description de

l'art du blanchiment; par M. *Descroizilles*. In-8.
.6o.c. et 75 c.

MÉMOIRE sur la peinture au lait; par *Cadet-de-Vaux*.
Paris, an IX, in-8. 2o c. et 25 c.

MÉMOIRE sur les moyens de conserver la pomme de
terre sous la forme de riz ou vermicelle; par M. *Gre-
net*. In-8, fig. 1 f. 5o c. et 1 f. 75 c.

RECUEIL de rapports, de mémoires et d'expériences
sur les soupes économiques et les fourneaux à la
Rumford, etc. Paris, 18o1, in-8. 3 f. et 4 f.

LE BONHEUR DU PEUPLE, almanach à l'usage de
tout le monde, ou Avis du père Bonhomme aux habitans de la campagne. Paris, 1819, in-18. 25 c.
et 4o c.

PÉRILS auxquels sont exposés les enfans que leurs
mères refusent d'allaiter; malheurs que, par ce re-
fus, ces mères attirent sur elles-mêmes; par l'abbé
Besnard. Paris, 1825, in-12. 1 f. 25 c. et 1 f. 5o c.

SYSTÈME anglais d'instruction, ou Recueil complet
des améliorations et inventions mises en pratique
aux écoles royales, en Angleterre; par *J. Lancaster*.
Traduit de l'anglais. Paris, 1815, in-8. 2 f. et 2 f. 5o c.

TRAITÉ complet d'orthographe d'usage et de pronon-
ciation, suivi d'un Dictionnaire orthographique, etc.;
par *P.-A. Lemare*. Paris, 1815, in-12. 2 f. 5o c.
et 3 f.

TRAITÉ usuel du Chocolat, contenant la description
et la culture du cacaotier, etc. ; par *Buc'hoz*. Paris,
1812, in-8, fig. 1 f. 8o et 2 f. 25 c.

VUES sur le système des opérations industrielles, ou
Plan de technonomie; par M. *Christian*. Paris, 1819.
In-8. 3 f. et 3 f. 5o c.

OUVRAGES

Qui se trouvent chez Mme.  Huzard, *Libraire*

AMUSEMENS (LES) INNOCENS, contenant le Traité
des oiseaux de volière, ou le parfait oiseleur. Paris,
1774, in-12.   3 f. et 4 f. franc de port.

ART (L') DU TAUPIER, suivant les procédés de
M. *Aurignac*; par *Dralet*. In-8.   50 c. et 60 c.

ART DE CULTIVER LA VIGNE ET DE FAIRE LE
BON VIN, malgré le climat et l'intempérie des saisons ; suivi des moyens 1°. de faire, avec les vins de
Basse-Bourgogne, du Cher, de Touraine, etc., du
vin de Saint-Gilles, de Roussillon, de Bordeaux ;
2°. de composer, avec les vins de ces derniers pays,
du vin de première qualité de Bourgogne et de Bordeaux ; 3°. de fabriquer les vins de liqueurs, les
eaux-de-vie, les vinaigres ; 4°. de retirer la potasse
des produits de la vigne; par M. *Salmon*. Paris, 1826,
in-12.   3 f. 50 c. et 4 f. 25 c.

ART (L') DE CULTIVER LES POMMIERS, LES POI-
RIERS, ET DE FAIRE DES CIDRES selon l'usage
de la Normandie; par le marquis de *Chambray*. Paris, 1765, in-12.   75 c. et 1 f.

ART DE FAIRE LE BEURRE ET LES MEILLEURS
FROMAGES, d'après les agronomes qui s'en sont le
plus occupés, tels que *Anderson, Twamley, Desma-
rets, Chaptal, Villeneuve, Huzard* fils, etc.; avec 5
planches. Paris, 1828, in-8.   4 f. 50 c. et 5 f. 50 c.

MANUEL DE LA FILLE DE BASSE-COUR, conte-
nant des instructions pour élever, nourrir, engraisser
tous les animaux de la basse-cour, et en tirer le plus
grand produit, avec des remèdes propres à les guérir
des maladies auxquelles ils sont sujets. Nouvelle édi-
tion, augmentée. Paris, 1822, in-12.
       1 f. 25 c. et 1 f. 50 c.

Imprimerie de Madame HUZARD (née Vallat la Chapelle),
rue de l'Eperon, n°. 7.

www.ingramcontent.com/pod-product-compliance
Ingram Content Group UK Ltd.
Pitfield, Milton Keynes, MK11 3LW, UK
UKHW022040070726
13613UKWH00002B/605